HOW THEY FOUGHT AGAINST STRESS

ビートルズとストレスマネジメント

松生恒夫

春陽堂書店

はじめに

ビートルズは、20世紀の音楽シーンだけでなく、のちの芸術や文化にも大きな影響を与えました。彼らが残した名曲の数々は、21世紀のいまも人々の心を癒し続けています。

しかし、ビートルズのメンバー自身の証言や残された多くの資料が物語るように、ビートルズの結成から解散までの8年間は決して平穏なものではなく、人間関係の軋轢《あつれき》や、世界のトップスターであるが故のさまざまなストレスに、メンバーは苦しんでいました。

私は消化器内科の専門医ですが、彼らがどのようにストレスに立ち向かっていったのかに興味を持ち、ビートルズの食生活やライフスタイルを調べてきました。彼らがストレスに満ちた日常をどのように感じていたかを示すエピソードを紹介しましょう。

彼らは、1966年6月に来日し、武道館でライブをおこないました。この来日時に、『ミュージック・ライフ』誌の編集長だった星加《ほしか》ルミ子氏は、ビートルズのメンバーにインタビューし、彼らの発言を『BEATLES 太陽を追いかけて ザ・ビートルズフォーエバー』(竹書房文庫)に数多く残しています。その中で、星加氏の「どこへも出かけられないなんて、つまらないでしょう?」という質問に対して、ジョン・レノンはこう答えています。

「いつもこうさ。ホテルから外をちらっと眺めるだけで、ここが日本であろうとアメリカだろうと僕たちには関係ない。ロンドンだって同じことだよ。もううんざりだ。自由に外を歩きたいね。自由に買い物をして、道行く人にハーイって声をかけたいね。こんな生活、後一年も続いたら完全にクレイジーになる。体中のネジが一本ずつ外れて最後に僕がいなくなるんじゃないかって、最近よく思うんだ」

さらにジョンは続けて、「ビートルズは間もなく解散します。ハイみなさん、過去の栄光に乾杯！」とおどけてみせました。

とにかく、「世界のアイドル」と呼ばれたビートルズは、ライブ・ツアーやテレビ出演、レコード録音などに連日追われ、超多忙でした。とりわけビートルズの海外公演がいかにハードであったか、1966年8月のアメリカ・カナダ横断ツアーの記録が残っています。

8月11日　　ロンドン発　シカゴへ

8月12日　3時・8時　シカゴ国際アンフィ・シアター（イリノイ州）
8月13日　2時・7時　デトロイト・オリンピック・スタジアム（ミシガン州）
8月14日　8時　クリーブランド・ミュニシバル・スタジオ（オハイオ州）
8月15日　8時　ワシントン・スタジアム（ウエストバージニア州）
8月16日　8時　フィラデルフィア・スタジアム（ペンシルベニア州）
8月17日　4時・8時　トロント・メイプル・ハーフガーデン（カナダ）
8月18日　8時　ボストン・サフォーク・ダウンズ　競馬場（マサチューセッツ州）
8月19日　3時・8時　メンフィス・コロシアム（テネシー州）
8月20日　8時　シンシナティ・クローズリー競技場（オハイオ州）
8月21日　8時　セントルイス・バスク・スタジアム（ニューヨーク州）
8月23日　8時　ニューヨーク・シェア・スタジアム（ニューヨーク州）

8月24日　　　雨天予備日
8月25日　4時・8時　ロサンゼルス・ドジャー・スタジアム（カルフォルニア州）
8月28日　　　ロサンゼルス・ダッジ・スタジアムで公演
8月29日　8時　サンフランシスコ・キャンドルスティック・パーク（カルフォルニア州）
8月30日　　　ロサンゼルス発　ロンドンへ

このように、アメリカに到着した翌日から、コンサート終了日まで、一夜限り公演（ワン・ナイト・スタンド）だけでなく、昼夜2回公演の日もけっこうありました。

夜のコンサート終了後は、チャーター機で次の都市へ向かいます。アメリカ国内の移動がほとんどだったので、飛行時間は40分～1時間以内。空港に到着後、すぐホテルに直行し、遅い夕食をとり、入浴後は眠るだけ。翌日は9時頃に朝食をとって、昼にはコンサート会場へ向かいました。毎日が移動の連続で、およそ20日間のアメリカ滞在中、休みは8月22、24、26、27日のたった4日間だけでした。

また、コンサート会場では、開始前に1～2時間ほどの記者会見が待ち受けていました。これでは心も体も休む暇がありません。とりわけきつかったのは、ホテル・公演会場・移動の乗り物の3カ所に閉じ込められたことでしょう。

これはある意味で、現在の世界が被っているコロナ禍の「ロックダウン」に近い状況といえます。ヨーロッパのロックダウン（都市封鎖）では、市民は自宅内で過ごし、外へ出られない状況が続いて、心身にさまざまな不調＝ロックダウン・シンドロームを引き起こしたのです。

まさにハードな日々を送り続けた挙句、ビートルズは思い切った行動に出ます。８月29日のキャンドルスティック・パーク（大リーグのサンフランシスコ・ジャイアンツの本拠地）でのライブを最後に、いっさいのツアーを中止したのです。「ロックダウン」の状況を、自らの手で打ち壊したのです。以後はスタジオでの曲作りに専念し、１９７０年に惜しまれながら解散しました。

当時のメンバーはまだ20代と若かったとはいえ、彼らが受けたストレスは我々の想像を超えるものでした。それがツアーの中止や解散の一因になったことは否定できません。彼らの毎日は、ロックダウン下におけるストレスとの闘いという側面もあったのです。

ビートルズのメンバーは、ツアーのストレス以外にも、数々のストレスフルな体験を重ね、さまざまな方法で乗り切ってきました。それらは、ビートルズの伝記本やドキュメンタリーから断片的に知ることができます。

彼らのストレスフルな体験に注目し、どのようにしてその壁を乗り越えたのかを知ることは、現在の我々が経験しているストレスに満ちた日常を乗り切るための参考になるのではないか――。こう思い立ったのが本書の執筆の動機です。激動の60年代を駆け抜けたビートルズの実際のストレスマネジメントをたどりながら、そのヒントを見つけたいと思います。

人間は、生きている限り、さまざまな困難にぶつかり、ときにはそのストレスに押しつぶされそうになることもあるでしょう。本書が、そんな人生の宿命・ストレスと上手に付き合うための一助になれば幸いです。

目次

CHAPTER 2 ビートルズ、〝魂〟の旅

CHAPTER 3

癒しのツールとしての音楽

CHAPTER 5 ビートルズの瞑想法

CHAPTER 6

プライマル・スクリーム

CHAPTER 7

ジョンとヨーコの自然食療法

CHAPTER 8

銃弾で終わった安らぎの日々……217

CHAPTER 1

ビートルズとストレスマネジメント

ロックダウン下の『マッカートニーⅢ』

２０２０年の12月18日、イギリスが新型コロナウイルス感染症によるロックダウンのさなか、突然、ポール・マッカートニーの新しいソロアルバム『マッカートニーⅢ』がリリースされました。発売にあたり、ポールはインタビューで次のように語っています。

「『マッカートニーⅢ』は、意図していた訳じゃないんだ。ロックダウンが始まった頃、アニメ用に曲を作ることになって、レコーディングして、監督に曲を送り、その時、いいもんだな、こうしていると楽しい。ロックダウン（感染防止の都市封鎖とロックができなくなったという意味をかけている）を凌ぐにもいいんじゃないか、って思った」（『ロッキン・オン』２０２１年2月号）。

『マッカートニーⅢ』は、ポールの自作自演、セルフプロデュースによる、いわゆるＤＩＹアルバムの3作目にあたります。１９７０年に発表のＤＩＹの１作目『マッカートニー』は、ポールがビートルズの解散問題やマネージメント・トラブルの渦中にあって、きわめてストレスフルな状況に置かれていた時期に、スコットランドの自宅（農園）で制作されました。

また、ビートルズ解散後、ポールはウイングスを結成しますが、ＤＩＹの2作目『マッカートニーⅡ』は、ウイングスの解散の前年の80年に発表されています。80年といえば、来日公演で成田空港に到着したポールが、大麻取締法違反で現行犯逮捕されるという事件が起こった年でもあります。

このように、ポールは、バンド存続のトラブルや、今回のパンデミックなど、ストレスフルな状況に陥るたびにＤＩＹアルバムを制作し、そのことで自らを癒し、立ち直ってきたように思えるのです。

ポールは、先のインタビューでこうも語っています。

「（スタジオでの仕事が終わり）夜に帰ると娘のメアリー一家が来ていて、仕事に行って曲を作ることができて、仕事から帰ると4人の孫と過ごせる。なんて僕は幸せなんだろうと思った」

「『いまを生きよう』って言うじゃないか――まさにそれが僕なんだ。この言葉は本当のことを言っているよね」

私たちが生きる時代に、100年に一度のパンデミックが起きるなんて誰も想像できませんでした。『マッカートニーⅢ』のリリースは、ロックダウン下でも常に前を向き続けるポールからの熱いメッセージともいえるのです。

ロックダウン・シンドロームとは

「ロックダウン」とは、辞書によれば「対象とする地域で人の移動を制限したり、企業活動を禁じたりする措置をとること」という意味で、一般には「都市封鎖」と訳されています。

明確な定義は確立されてはいませんが、「ロックダウン・シンドローム」という場合は、ロックダウンの結果生じるさまざまな心身症状を指しています。この言葉は、２０２０年からの世界的なコロナ禍において使われるようになりました。

２０２０年3月14日に、ロンドン大学キングスカレッジの研究グループが、医学誌「ランセット」を通じ発表した論文を紹介します。近年発生した感染症対応（SARS《サーズ》、エボラ出血熱、２００９年の新型インフルエンザなど）における人々の隔離生活と心理的影響を示した24の先行論文をレビューしたものです。

同論文によると、隔離生活者の多くから精神的な苦痛や混乱の症状（情緒障害、うつ、ストレス、気分の落ち込み、イライラ、不眠症、怒り、感情疲労、逃避行動など）が認められたとしています。

さらに、隔離生活を経験した親子と未経験の親子の心的外傷後ストレス障害の症状スコアでは、隔離生活を経験した子どもでは未経験者の4倍高い30％、親では5倍近く高い28％となっています(Sprang G, Silman M, 2013)。これに加え、複数の調査研究が、隔離生活が長くなればなるほど精神の悪化程度も大きくなることを示しています。

また、フランスの調査（就業者約４６０万人を対象）では、厳しく制限された生活に不安を覚える人は79％（男78％、女81％）、軟禁生活に向こう何週間持ちこたえられるかとの問いに、28％が2週間、23％が3週間、17％が必要であれば長期でも可と回答。テレワークについては、48％が困難をきたし、43％が軟禁生活終了後に心理カウンセリングが必要と答えています（ただし、89％が勤務先にこうしたサポートの仕組みがない）。

私のクリニックでも、コロナ禍において、高血圧の人の血圧上昇や、胸やけ・胃部膨満感・食欲不振などの食道や胃の症状、不眠症、排便障害などの悪化を認める人々が増加しています。これらには、不安などの心理状態ばかりではなく、在宅時間の増加（引きこもり）による運動不足などの身体的な要因も関与していると考えられます。

下積み時代のビートルズ

ビートルズに話を戻して、ロックダウン下のストレスの問題についてさらに考えてみたいと思います。

正式デビュー前のビートルズは、ドイツのハンブルクへ出稼ぎ巡業に行っていました。この時期は、ビートルズの「ハンブルク時代」（１９６０〜１９６２

年）と呼ばれますが、そこでメンバーが体験したのは、下積み時代ならではのストレスフルな日々でした。

１９６０年8月の第1回目のハンブルク公演のときに、ビートルズのメンバーは、アストリット・キルヒヘア（「第5のビートルズ」と呼ばれたスチュアート・サトクリフの恋人）や、のちにマンフレッド・マンのベーシストになるクラウス・フォアマンと知り合っています。クラウスは、ビートルズのアルバム『リボルバー』のジャケットをデザインしたことでも知られます。

そのアストリットが、当時のビートルズの過酷な環境について語った記録が残っているので紹介します（『アストリット・Kの存在―ビートルズが愛した女―』小松成美／世界文化社より）。

それによれば、ハンブルク時代のビートルズのメンバーが何にもまして耐えられなかったのは食事でした。

朝食はハンブルクのクローセ・ハイト通りにあるカフェで、ミルクをかけたコーンフレークやチキン、トマトのスープでした。昼食時に町の大衆食堂に入ると、色あせた野菜や灰色の肉、酢の臭いが強いザワークラウトがテーブルにのっていました。

ハンブルクの港の埠頭に「イングリッシュ・シーマンズ・ミッション（英国船員協会）」のハンブルク支部というのがあって、そこでは安くて美味しい「イギリス式の食事」が出されていました。そこのボスが、ビートルズのメンバーに特別にこの施設を使うことを許可してくれたおかげで、彼らはいちばん安い肉料理やフィッシュ＆チップスやサンドイッチを食べることができました。

フィッシュ＆チップスは彼らのお気に入りでした。ブレイク後のＥＭＩスタジオでの録音時でも、昼食に各自がテイクアウトでフィッシュ＆チップスを買いに行ったという記録が残っています。これが当時の一般的なランチだったようです。

ハンブルクの演奏は、1日に何ステージもある過酷なものでしたので、睡眠時間もかなり少なかったと考えられます。したがってこのような過酷な労働環境は、心身ともに大きなストレスだったでしょう。

イギリスに戻ってからも、ビートルズのランチはフィッシュ&チップス中心のイギリス式の食事でした。ちなみに彼らが出演して有名になったキャヴァーン・クラブでのランチは、コークとロールパンあるいはサンドイッチの「キャヴァーン・ランチ」と呼ばれるものでした。

1961年の2回目のハンブルク巡業では、深夜までの演奏が続くため、メンバーは午後に起きて、ミルクをかけたコーンフレークを1杯とり、たまにイングリッシュ・シーマンズ・ミッションで夕食をとりました。ふだんの食事は、ステージ上で飲む大量のビールと、無料のサラダを食べるくらいだったのです。

この頃の写真を見ると、彼らは本当にスリムですが、それはダイエットの成果などではなく、悲惨な食生活のせいだったと思われます。

ビートルズは1日に何度もステージに立ち、観客の汗の臭いとタバコの煙でむせ返るような空気の中、へとへとになるまで長時間の演奏をこなしました。このような生活はビートルズのメンバーが若かったからできたのでしょう。そのことで、若きビートルズの音楽的才能が鍛え上げられたことは否定できませんが、メンバーが肉体的・精神的苦痛（ストレス）を感じていたことは間違いありません。

のちのビートルズの成功を思えば、当時のメンバーは、こうしたストレスを「チャレンジ反応」で乗り越えたと私は思っています。

スタンフォード大学の心理学者、ケリー・マクゴニガル氏によれば、ストレスがあってもそれほど危険でない場合には、脳と体に「チャレンジ反応」という一種のストレス反応が起きて、心拍数が上昇し、気分を高揚させる脳内化学物質であるアドレナリンが急増して、筋肉と脳にエネルギーがどんどん送り込まれるそうです。こうしてプレッシャーのかかる状況でも力が湧いてきて、やるべきことをやれるようになるということです。

若き日のビートルズは、この「チャレンジ反応」に支えられていたともいえるのです。

「よいストレス」と「わるいストレス」

以前は、ストレスはすべてわるいものと決めつけられてきました。しかし、最近では、「よいストレス・わるいストレス」という考え方が生まれてきています。その考え方に立てば、ストレスは人生において必要な刺激ともいえるのです。

つまり適度なストレスは、脳の働きを活性し、集中力を増加させ、記憶力を高めるといわれています。よいストレスには、自己実現に向けて、エネルギー源になるといえるかもしれません。

前出のケリー・マクゴニガル氏は、その著書『スタンフォードのストレスを力に変える教科書』（だいわ文庫）の中で、ストレス反応の効果として、①困難にうまく対処する（注意力が高まる、感覚が鋭くなる、など）、②人と人とのつながりを強める（恐怖が弱まり勇気が湧く、など）、③学び、成長する（脳が学び成長するのを助ける、など）、の3つをあげています。

しかし、わるいストレスが多くなってくると、体調悪化やうつ状態に陥る危険が高まります。

現在は、パンデミックの状況にあり、どんどんわるいストレスをため込んでいる人が増加しています。

ストレスには、心理・社会的ストレス（人との別離、職場でのトラブル、不況、失業、借金、災害、戦争など）に加えて、科学的ストレス（化学物質、環境ホルモンなど）、生物的ストレス（病原菌、ウイルス、花粉など）、および物理的ストレス（騒音、振動、気象変化など）があります。

このようにストレスの原因はざまざまですが、生体は共通のメカニズムで反応し、疾患の発症に直接結びつくことがわかっています。たとえば、心理・社会的要因のストレスにより、いわゆる心身症から、呼吸器系、循環器系、消化器系、内分泌・代謝系、神経・筋肉系など多くの領域に関連する疾患が引き起こされます。

しかし、人間はストレスから完全に逃れることはできません。ストレスはヒトにとっては外からの刺激、シグナルであり、生体はそれに対して応答するのです。その応答のパターンは共通のものも多いのですが、個人差も大きく、また個人の状況によっても応答・影響が変わってきます。

つまり、「よいストレス・わるいストレス」があるというのはこういうことです。同じストレスを受けても、これをわるい刺激ではなく、よい刺激として受け止め、心身を活性化することもできるのです。

先ほど紹介した若き日のビートルズの「チャレンジ反応」とは、過酷な下積み生活をよい刺激としてストレスマネジメントできた結果といえます。もちろんストレスの緩和も必要となりますが、日頃からよいライフ・スタイルを保ち、ストレスをうまく利用していくことがポイントです。

ブレイク直後の超ストレス生活

ストレスは、生きている限り誰にでもつきまといます。ブレイク直後のビートルズも同様でした。下積み時代を経て、またたく間に時代のアイコンと化したビートルズのストレスフルな日常を、食事内容などを参考にしながら振り返ってみることにしましょう。

ビートルズは、1963年1月に発表されたイギリスでの2作目のシングル「プリーズ・プリーズ・ミー」が大ヒットし（イギリス「メロディメーカー」誌で第1位）、一躍人気グループとなりました。

マイケル・ブラウン著『抱きしめたい　ビートルズ'63』（アスペクト）によれば、その頃、ビートルズはイギリス各地を公演して回っていましたが、都市以外のホテルでは、大部分が9時で夕食のオーダーをストップするため、ホテルのベッド・ルームで食べるコーンフレークが当時の彼らの夕食となることもめずらしくなかったようです。

1日に2ステージを演奏することが多く、仕事が終わるのは夜遅くなるので、ホテルに戻ってもレストランの夕食にはありつけません。1964年のヒット曲「ア・ハード・デイズ・ナイト」で彼らは、〝キツい1日だった。犬のように働いた。キツい1日だった。丸太のように眠るだけ〟と歌っています。まさにこれが彼らの日常でした。その後もますます過酷な生活が待ち受けていました。

1964年、ビートルズはイギリス以外の国へ向けて本格的に進出していくことになります。

1964年2月16日には、最大の市場であるアメリカに上陸して、人気TV番組『エド・サリヴァン・ショー』に出演し、全米の人々を釘付けにしました。視聴率はなんと72％を記録します。

これで人気に火がついて、4月4日付けのアメリカ「ビルボード」誌のシングル・チャートでは、1～5位までの5曲のすべてがビートルズの曲で埋め尽くされるという快挙を成し遂げました。この記録は、もちろんいまだ破られていません。

テレビ出演の前には、セントラル・パークの湖の畔でフォト・セッションがおこなわれ、そのときにはジョン、ポール、リンゴはボートハウスに入ってチーズ・バーガーを食べ麦芽入りのミルクを飲んでいます。

そして64年6月に、ビートルズは全米に向けて本格的ツアーを開始することになります。ビートルズの勢いは止まらず、アメリカでナンバーワン・ヒットを連発し、世界的なスターになっていきます。

とはいえ、アメリカ進出時のメンバーのプレッシャーは相当なものでした。というのも、それまでアメリカで成功した海外のポップ・スターはいなかったからです。

これはビートルズにとって非常に大きな心理的ストレスだったといえます。

1964年、ツアーとレコーディングで一年中働きまくったビートルズは、クリスマス・イヴにもライブをおこないました。その晩のショーのあとの食事はというと、卵、ソーセージ、ポテトフライ、豆というシンプルなメニューでした。

1962年のデビュー当時、ジョンは冗談まじりに、「僕たちの主食は卵とソーセージだったね」と言ったことがありますが、それから2年たち、大きな成功を手にしたあとでも、彼らは相変わらず同じようなものを口にしていたのです。これは当時のイギリス人にとっては普通の食事だったのでしょう。

リヴァプールというイギリスの地方都市出身の若者たちは、ハンブルク巡業やアメリカ・ツアーでの肉体的・精神的ストレスを乗り越えて、大きな成功を収めました。

しかし、成功したのちにも、今度は種類の異なるさまざまなストレスが待ち受けていたのです。

「スウィンギング・ロンドン」

ところで話は変わりますが、みなさんは「スウィンギング・ロンドン」というフレーズを聞いたことがあるでしょうか。ビートルズがデビューした頃の若者文化を表す言葉です。

ビートルズがデビューした1962年以降、イギリスでは、キング・ジェネレーション（10代～20代）による一大変革が起こります。これは、音楽に始まり、ファッション、ライフ・スタイルにまで及びました。

ロンドンで花開いたファッションの変革を目撃したアメリカのメディアが、こうしたムーブメントを「スウィンギング・ロンドン」と名づけます。このファッション革命は、短い丈のスカートに代表されるもので、ファッションデザイナーのマリー・クアントが最初にこれを「ミニ・スカート」として販売しました。

私は、このミニ・スカートの「ミニ」が小さいという意味からきていると思っていましたが、実は、マリー・クアントが気に入っていたイギリスの小型乗用車「ＭＩＮＩ（ミニ）」からとったのだそうです。１９６６年にマリー・クアントは、イギリスのファッション産業に貢献したという理由で、ビートルズも受賞した大英帝国勲章（ＯＢＥ勲章）を授与されました。

ロンドンでミニ・スカートが流行した頃、イギリスのティーン誌「ＲＡＶＥ」によく登場したのが、ジョージ・ハリスンの最初のパートナーであるパティ・ボイドでした。彼女はファッション・モデルで、長い脚でミニ・スカートを着こなしていました。

パティはとてもスタイリッシュで、そのお相手のジョージもスリムでかっこいい若者でした。パティとジョージはスウィンギング・ロンドンのプリンスとプリンセスと呼ばれたこともありました。この頃から、スリムであることがスタイリッシュの条件というイメージが明確になってきたともいえます。

なお67年に初来日したこともあるファッション・モデルのツィッギーの出現は、細身であるファッション・モデルのさらなる細身化（ある意味ではボーイッシュ化）を促しました。ツィッギーによって、「痩せていることが美しい」という概念がつくりだされ、これがいまでも続いています。

１９６６年以降は、ファッションやライフ・スタイルが、スウィンギング・ロンドンから始まって「サマー・オブ・ラブ」（89ページ）、「サイケデリック」（84ページ）の時代へと大きく変化していくのです。その中心にいたのがビートルズでした。ジョージ・ハリスンによるインドなどの東洋思想へのあこがれ、ジョン・レノンによる平和運動などが、ビートルズの音楽を通じて、全世界の若者へメッセージとして伝播していったのです。

こうした大きな意識変革の流れの中で、誰もがあまり意識しないうちに、体型がスリムであることが価値あることの一つとして認識されるようになってきたともいえます。これは、太り過ぎがもたらす健康問題への〝本能的な〟警告であったのかもしれません。それが現代では、痩せることへの願望が過度に働いて、摂食障害などを招いているのは皮肉なものです。

来日の3日間はホテルにカンヅメ

ビートルズは1966年6月29日に来日し、その後、3泊4日、ほぼ宿泊先の東京ヒルトンホテル（のちのキャピトル東急ホテル）のスイートルームに閉じ込められました。つまり〝ロックダウン〟されたのです。24時間体制の警察の警備は過酷ともいえる状態でした。しかし、ビートルズのメンバーは、ホテル内でロックダウン状態を緩和しようともしていたのです。

来日時、ビートルズのメンバーのストレス対処法は、当時の記録によれば、おいしい食事をとること、音楽を聴くこと（日本の民謡のレコードなども聴いていた）、絵を描くこと、お互いにジョークを言い合うこと、日本のカメラや骨董品などを業者にホテルの部屋まで持ってきてもらって、その場で購入することなど、ごく限られた内容でした。

ビートルズが東京ヒルトンホテルでどのような食事をしていたかについては、宮永正隆氏の『ビートルズ大学』（アスペクト）に詳しいです。

メンバー4人は、主にルームサービスでステーキを注文していて、ソースはマッシュルーム・ソースやベアルネーズソースでした。また、シャトーブリアン（ヒレ肉のかたまり）を部屋で切り分けたりもしていました。前菜として、カクテルソースやマヨネーズソースとともにシュリンプカクテルなどもとっていたようです。

この時点では、メンバーに明確な菜食主義の傾向は記録されていません。ジョージ・ハリスンは当時すでに菜食主義の洗礼を受けていたはずなので、少なくとも彼は、肉類を口にしなかったと思われます。ルームサービスで肉料理を注文していたからといって、メンバー全員の口に入ったとは限りません。

ジョンは、原宿に骨董品を買いにホテルを数時間抜け出し、ポールも皇居前の広場に散歩に出かけたようです。ただし、ポールは、すぐに見つかって連れ戻されています。まさにロックダウン状態の、ストレスフルな時間でした。

メンバーが長年受けていた積もり積もったストレスも沸騰点に達していたのでしょう。来日公演からおよそ2カ月後のアメリカ・カナダの横断ツアーを最後に、ビートルズはいっさいのライブ・ツアーを止めてしまうのです。

COLUMN 1
ストレスマネジメントの法則

1958年、リーヴェルとクラークらは、ストレス要因の「健康平衡モデル」を提示し、その中で「ストレスに対処するための資源」として次の4つをあげています。

①ストレッサー（ストレスの原因）の軽減
②ストレスへの耐性を育てる
③援助資源を充実させる
④健康障害が表れるのを早期に発見し対応する

つまり、こうしたポイントに注意してストレスマネジメント（ストレス・コントロール）をおこなうことが重要ということになります。ストレスマネジメントとは、こうしたストレスの原因を対処するために利用されるさまざまな技法の総称です。

この技法には、生理的技法（呼吸法や自律訓練法）、認知的技法（物事の見方や捉え方を変えるための「リフレーミング」など）、あるいは行動的技法（ソーシャルスキル訓練）などが含まれます。

CHAPTER2

ビートルズ、〝魂〟の旅

早く〝前衛〟に目覚めたポール

前の章で書いたように、ビートルズのメンバーは、１９６６年8月以降、ストレス過多な海外ライブツアーをいっさい中止してしまいます。休みなく働くことにはあまりにも無理があり、肉体的にも精神的にも限界を越えたのでしょう。いまでいう「バーンアウト（燃え尽き症候群）」かと思われます。

以下では、その後のジョン・レノンとポール・マッカートニー、そしてジョージ・ハリスンの〝魂の遍歴〟について述べたいと思います。その過程は、彼らが受けた強烈なストレスとの闘いの歴史でもあります。

ところで、「ビートルズのどこがすごいのか」というと、数え上げればきりがないでしょうが、一つだけあげるなら、私はその新しさ、革新性だと思っています。私は１９５５年生まれで、小学校高学年でビートルズの音楽と出会ったのがきっかけで熱烈なファンになりましたが、その新しさは当時の人気バンドと比べても群を抜いていました。

独特のコード進行やロック音楽へのストリングスの導入、テープの逆回転使用などの技術面のみならず、自分たちで自作自演し、歌詞にメッセージ性を持たせたことも新鮮でした。またヒット曲に安住せず、アルバム1枚ごとに、ファンが戸惑うくらい変化していったのもビートルズのすごさでした。

１９６６年以降にヒッピーを中心としてアメリカ西海岸で始まったサイケデリック・ムーブメントで、ビートルズはアバンギャルドに接近します。アバンギャルドは彼らの創作意欲の拡大と結びつき、さらにはビートルズのメンバー自身のライフ・スタイルにも大きく影響していくことになります。ビートルズの革新性は、まさにアバンギャルドそのものでした。

アバンギャルドとは、フランス語で「前衛」という意味で、もともとは第一次世界大戦後、フランスで起こった革新的な芸術運動をさす言葉でした。第二次世界大戦後のポップ・アートの台頭とともに60年代の後半に入って、再び注目されるようになり、それが絵画の世界だけでなく、映像や音楽、ファッションなど、あらゆる方面に拡大していったのでした。

具体的には、60年代に日本でも話題になったボディ・ペインティングなどがその一例です。ジョン・レノンの二番目の妻オノ・ヨーコは、いち早くアバンギャルドの世界に飛び込んだ前衛アーティストの一人でした。

ビートルズの作品の中でアバンギャルド的な音を含む作品としては、「トゥモロー・ネバー・ノウズ」、「レボリューション9」、「ア・デイ・イン・ザ・ライフ」などが有名です。

これらの曲は、ジョンがメインで作られたと言われています。たしかに、ジョンには既成の価値観の破壊者のイメージがありますが、実は、ポールの方がジョンよりも早くアバンギャルドに関心を持っていました。

他のメンバーはみんな結婚して郊外に引っ越していた頃も、ただ一人独身だったポールはロンドンに住んでいて、いろんなジャンルの芸術家が集まるナイト・クラブやギャラリーによく出かけていました。美術商のロバート・フレイザーやロンドンのカウンターカルチャーに精通した作家のバリー・マイルズなどを通じて、最先端のアート・シーンにも詳しかったそうです。

「トゥモロー・ネバー・ノウズ」におけるテープの逆回転や繰り返し、「アディ・イン・ザ・ライフ」のフリーフォームのオーケストラ演奏などはポールのアイディアといわれています。

ビートルズの実験的精神

ジョン・レノンがアバンギャルドに傾斜していったのは、オノ・ヨーコとの出会いがきっかけでした。

のちのジョンを知る我々には意外に思えますが、ジョンはもともとルールを曲げたり、破ったりする知的試みについては深い疑念を抱いていたといわれています。たしかに前妻シンシアとロンドン郊外のウェンブリーの邸宅に住むなど、保守的なライフ・スタイルを当初は好んでいました。食も同様で、朝食の好みはシリアル、夜はステーキといった具合でした。

ジョンが、ポールのようにロンドンのあちこちのギャラリーへ顔を出すようになったのは、ヨーコと付き合うようになってからです。ジョン&ヨーコのペアが完成したあとのジョンの作品は、当時のポールの作品やロック界の前衛的作品よりも、はるかにぶっとんだアバンギャルド的作品が多くなっていきます。『ビートルズ・アンソロジー』（ザ・ビートルズ・クラブ／リットー・ミュージック）のポールの証言によれば、66年頃からビートルズはしだいに音楽仲間だけでなく、いろんなアーティストと付き合うようになっていったそうです。

このようにして培われた実験的精神のおかげで、ビートルズは、60年代マージー・ビート・ムーブメントのビッグ・グループから、サイケデリック・ロックを代表するグループへと変貌し、なおバンドとしてのパワーを落とさずに革新性を維持することができたのです。

また、アバンギャルドの経験があったからこそ、その後のビートルズのライフ・スタイルも大きく変化したのかもしれません。アバンギャルドは、ビートルズのメンバーのスピリットに新たなエネルギーを注ぎ込み、その心の成長に大きく関与しました。彼らには、異なる次元への扉を開くエネルギーにあふれていたのです。

インストアルバム『スリリントン』の意味

ポールの実験的な精神は、ビートルズ解散後もたえることなく続きました。それを象徴するのが、ポールのインスト集『スリリントン』です。

１９７１年、ポールは妻のリンダと共同で、ポップでいながらちょっとアバンギャルドな『ラム』というアルバムを発表しています。当時はハード・ロック全盛時代だったので、あまり高い評価が得られませんでしたが、ポールの得意とする美しいメロディがいっぱいつまったこのアルバムは私のお気に入りの１枚でした。

『スリリントン』は、パーシー・スリルズ・スリリントンという名義で、77年にイギリスとアメリカで発売されました。スリリントンとは、もちろんポールの変名です。内容は『ラム』をオーケストラでカヴァーした、歌のないイージーリスニング風のインストルメンタルアルバムです。

注目すべきは、その制作時期です。

ポールは、『ラム』の発売日である1971年5月28日の2週間前に、リチャード・ヒューソンに会い、「これをインストルメンタルにしよう。ヴォーカルとギター、キーボードをみんなオーケストラの楽器に置き換えるんだ」と言ったそうです。

リチャード・ヒューソンといっても、知っている人はあまりいないかもしれませんが、1960年代後半からアレンジャーとして活躍した人物で、メリー・ホプキンの「悲しき天使」や、ビートルズの「ロング・アンド・ワインディング・ロード」のストリングス・アレンジをおこなっています。73年には、ポールの大ヒット曲「マイ・ラヴ」のストリングスも担当しています。

『スリリントン』は、1971年5月のたった3日間で、リチャード・ヒューソンを中心に多数のスタジオ・ミュージシャンを使って録音されました。しかし、その後5年以上リリースされなかったのです。この発表の延期に関して、ポールはのちにこう語っています(『ポール・マッカートニーとアヴァンギャルド・ミュージック』イアン・ピール/(ストレンジデイズ)より)。

「『スリリントン』をやったのは、アルバム『ラム』のビッグ・バンド版を誰かに作ってもらおうと考えたからだ――でも、引き受けてくれる人がいなかったんで、僕はその誰かになって、自分で作った方がいいと考えたんだよ」「そう、あんなアルバムを発表したいなんて人は誰もいないってことを僕はわかってなかった。あの頃でさえね」「それに今だって、そんな人はいないよ」

さて、このアルバムが1971年に作られたという事実を知ると、単なるイージー・リスニング・アルバムという印象がガラッと変わってくるのです。その年は、ビートルズ解散の1年後でした。心を癒す美しいメロディーを際立たせるストリングスやブラスの音色、ラグ・タイム風のジャジーな味付け、さらにはスキャット風のコーラス……。これらを生み出すもとになったのは、ビートルズ解散前後のポールの苦悩と深刻なストレスだったといえるかもしれません。

映画『ヘルプ！』でインドと出会う

1965年3月14日、ビートルズは2作目の映画『ヘルプ！ 4人はアイドル』（監督：リチャード・レスター）のロケ撮影でオーストラリアへ向かいます。

そして帰国後の4月5日、ロンドン西部にある老舗撮影所トゥイッケナム・フィルム・スタジオにて、ビートルズのメンバーは東洋文化を〝目撃〟することになります。インド料理店でのシーンの撮影待ちをしていたときに、出演者のひとりの男がスープをひっかけられるシーンの後ろで、何人かのインド人ミュージシャンがシタールを演奏しているのをジョージ・ハリスンが見つけたのです。

ジョージのインドへの興味は、この楽器シタールから入りました。1965年12月リリースの『ラバー・ソウル』収録の「ノルウェーの森」で、ジョージが初めてシタールを弾いたことは、ビートルズ・ファンであれば誰もが知っているでしょう。

どうやら、このあたりがビートルズのライフ・スタイルを大きく変化させる引き金になったと考えられます。ビートルズと東洋の関係は、この偶然の出会いから始まりました。

「いつも4人一緒」の理由とは？

シタールをきっかけにジョージがインドに興味を持ち始めると、ジョンもそれに続き、ポール、リンゴも従いました。4人全員がインドにあこがれを持つようになるまで、それほど時間はかかりませんでした。

このように、メンバー4人が互いに強く影響し合うことは、彼らにとってめずらしいことではありませんでした。他の例でいえば、ジョージが口ひげをはやせば、ポール、ジョン、リンゴも口ひげをはやすといった具合なのです。

なぜ、ジョージが口ひげをはやすようになったかというと、インドに行くときにシタール奏者のラヴィ・シャンカールから、口ひげを生やしてくるように言われたからでした。これがビートルズの他の3人に伝わり、さらには若者のファッションとして世界中へと広まっていきました。

お互いにリスペクトしていたので影響を与えあった、ということもあったのかもしれませんが、その理由は彼らの行動パターンを見るとわかります。

当時のビートルズのメンバーは、スタジオの仕事があるときはいつも4人一緒でした。食事も共にしていました。1962年のデビュー以来、仕事のない日を除けば、いつでも互いに呼べば聞こえるほど4人は近くにいました。つまり、プライベートな時間よりもお互いがビートルズである時間の方が長かったといえるのです。

こうした関係性によって、彼らの内の一人がある種のことを始めると、他の3人も追従するという行動パターンができあがっていったのです。

この点については、ジョージの元妻であるパティ・ボイドも次のように指摘しています（『パティ・ボイド自伝　ワンダフル・トゥデイ』シンコー・ミュージック）。

「ある意味で、彼らはまだ子どもでした。友達らしい友達といえば他のメンバーくらいで、何か質問されればグループとして答えなければなりませんでした。常にメンバー同士、波長をあわせていくわけです。誰かが、ギャラリーのオープニングに行くといえば、全メンバーで行くのです。誰かが新しい車や家を買えば、全員が買いました。つまり、4人のメンバーが同じように行動していました」

ですから、ジョージがインドへ行くとなれば、他の3人も行くことになり、ジョージが菜食主義者になれば、他のメンバーも一応試みることになるのです。

インドにはまったジョージ

というわけで、1966年7月のフィリピン公演の帰途に、4人は数日間インドに立ち寄ることになります（もっともこのときのインド行きは天候や飛行機のフライト予定も大きく関与したかもしれません）。

こののちに、ジョージのインド思想への関心はさらに高まり、同年9月にはジョージと妻のパティの二人だけでインドに行っています。ラヴィ・シャンカールにシタールを習うのがいちばんの目的でした。この頃を境としてジョージは菜食主義的になったのです。

ジョージは、インド流に手で食べることも覚えました。ロースト・ナッツに肉抜きのカレー、パコラ（カリフラワーと豆を詰めたパイをギーという油で揚げたもの）、サモサ、牛乳の甘味菓子であるラサムライ、バラの香りのする水でヨーグルトを薄めたラッシーなどをとっていたのです。これが１９６６年の秋頃の話です。

同時期に、ポールもまた、ガールフレンドのジェーン・アッシャーと二人でベジタリアン・レストランに出かけたりしています。この頃は、一時的にせよ菜食主義的な食事を試みていました。

１９６７年の夏に、マネージャーであるブライアン・エプスタインが、アルバム『サージェント・ペパーズ・ロンリー・ハーツ・クラブ・バンド』のリリースを記念して、ビートルズのメンバーを中心にパーティーを開いています。このパーティーの出席者の話が残っていて、それによるとジョンは食が細く、菜食主義のダイエットをしていたそうです。そのときのジョンは、やつれ、老けて、病的で、どうしようもないほど薬に溺れているようだったと証言しています。

つまり、この時点では、ジョージが始めた菜食主義的食生活は、ポールやジョンにも一応伝わっていたのです。しかし、ポールもジョンも一時的で長続きしませんでした。

ちなみに、医療面から見た菜食主義の評価ですが、菜食主義者は非菜食主義者よりも食物繊維の摂取量が多く、そのために腸管機能が良好となって脳にも良い影響を与えることが示唆されます(脳腸相関。150ページ参照)。ジョージが始めた菜食主義的生活が、ビートルズのメンバーの精神面に与えた影響は、決して小さくはないと私は思っています。

本書では、菜食主義や自然食療法（第7章）について詳しく解説を加えていますが、それは腸に良いこれらの食事法が、私たちのストレスマネジメントにも有効であるという立場に立っているからです。

マハリシ・マヘーシュ・ヨーギー

音楽面以外で、ビートルズがインドから受けた影響の一つが瞑想です。のちにジョンもポールも、瞑想法を習ったことは有意義であったと述べています。

１９６８年２月、ビートルズのメンバーは妻や友人などを伴って、インド人のグル（導師）マハリシ・マヘーシュ・ヨーギーの指導を受けるために、ヒンドゥー教の聖地でヨガ発祥の地であるリシュケシュに赴きます。マハリシは、ヒンドゥー教にもとづく「超越瞑想（トランセンデンタル・メディテーション。略称ＴＭ）」の指導者として知られていました。

ビートルズにとってのインド行きは、曲作りのひらめきを得ることも目的の一つでした。その目的は達成され、インド行きを通じて瞑想法を学んだり、本格的な菜食主義に触れたばかりではなく、心と体をリラックスさせ、さらにはミュージシャンとしての才能をよりクリエイティブにすることができたのです。

リシュケシュでは、朝食後に瞑想やマハリシの講義を聴いていました。食事は菜食でした。ただし、リンゴ・スターはタマネギやニンニク、スパイスなどの刺激物をいっさいうけつけなかったので、スパイシーなインドの菜食料理についていけず、持参したハインツの缶詰のベイクド・ビーンズを食べていました。

リンゴはもともと体が弱かったこともあって（ビートルズ時代に3回も入院しています）、食事に関してとてもナーバスでした。彼が好んだのは、子牛肉とマッシュ・ポテトとか、牛肉と塩をふったポテト、ラム、フィッシュ＆チップス、ベイクド・ビーンズなどのスパイスがきいていないシンプルな料理だけでした。そんなこともあってか、リンゴは一人だけ先に帰国してしまいます。ただし、彼も最終的には菜食主義になりました。

カナダの写真家のポール・サルツマンが、１９６８年のリシュケシュにおけるビートルズを撮影した『The Beatles in Rishikesh』という写真集があります。この中に、ギターを持ったジョンと、歌っているポールの横顔をとらえた写真が掲載されています。このときのジョンの目を見てみると、黒目の部分が大きくなっていて、とても穏やかな顔をしているのです。他の写真集では認められない表情です。ポールの表情もとてもリラックスしています。

これはおそらく、インドにおいて毎日のように瞑想を繰り返すことで心身がリラックスモードに入っていたためでしょう。そうなると自律神経の副交感神経が優位となり、瞳孔がやや散大傾向になるのです。

のちにジョンは、リシュケシュに行ったときのことを、「バカンス日記とでも呼べばいいんじゃないか？ 気持ちの整理をつけるために」と語っています『ゲット・バック・ネイキッド １９６９年、ビートルズが揺れた22日間』（藤本国彦／青土社）。

インドで生まれた『ホワイトアルバム』

このインドで生まれた曲は、２枚組のアルバム『ザ・ビートルズ』（通称『ホワイトアルバム』）に収録されました。このアルバムのジャケットが表裏ともに真っ白いことに関してさまざまな推測がなされていますが、私の個人的な見解は、インドで瞑想を学び、「無」の境地になったので、白のアルバム、つまりはホワイトアルバムになったのではないかと考えています。ホワイトアルバムは瞑想の産物といっても過言ではないでしょう。

ジョンのソロ時代の有名な曲に「ジェラス・ガイ」（１９７１年9月発表）がありますが、この曲も１９６８年のリシュケシュ滞在時に作られました。当時つけられたタイトルは「チャイルド・オブ・ネイチャー（大自然の子）」で、歌詞には「自分を解放するのは簡単なこと　なぜなら僕は大いなる自然の一部」

とあり、インドでの瞑想体験を想起させる内容になっています。

また、70年に発売の『レット・イット・ビー』に収録されているジョンの代表曲の一つ「アクロス・ザ・ユニバース」は、マハリシの超越瞑想に影響されて生まれた曲といわれています。歌詞の印象的なフレーズ「Jai Guru Deva Om……」は、「我らが導師、神に感謝を」という意味のマントラ（賛歌、呪文）だそうです。

この2曲は、ジョンの瞑想体験から生まれた美しいメロディーと歌詞に彩られた傑作といえるでしょう。

また、ポールも、ジョンの「チャイルド・オブ・ネイチャー」とそっくりの「マザー・ネイチャーズ・サン（母なる大自然の息子）」というタイトルの曲を書いていることから（『ホワイトアルバム』収録）、ポールとジョンは、インドで同じ境地を垣間見たといえるかもしれません。

帰国後、『ホワイトアルバム』のスタジオ録音の前に、ジョージ・ハリスンのイーシャーの自宅でデモ録音が行われました。これは「イーシャー・デモ（Esher Demos）」としてファンの間で知られてきましたが、『ホワイトアルバム』の発表50周年記念限定版に、27曲が1枚のCDに収められています。

私個人は、インドで作られた曲のうち、ポールの作では「アイ・ウィル」、「ブラック・バード」、「ジャンク」、ジョン・レノン作では「アクロス・ザ・ユニバース」、「ジュリア」が大好きです。これらの曲を聴くことで心が穏やかになり、ストレスが次第にフワフワと消えていくような感覚が得られるのです。こうした音楽による癒し効果については、次の章でくわしく紹介することにしましょう。

ジョージの師、ラヴィ・シャンカール

ジョージがインドに行ったのは、一つには音楽を学ぶため、もう一つにはその国のすべてを見るためでした。

ジョージはすっかりインドが気に入りました。そして、ますますインド音楽にのめりこむようになりました。

初めて聴いたインド音楽は、シタール奏者のラヴィ・シャンカールのアルバムでした。自分でもシタールを演奏するようになると、インド音楽こそ技術的にも精神的にも最高の音楽ということがわかったそうです。ラヴィ・シャンカールは、おそらくジョージの人生に最も影響を与えた人物といえるでしょう。彼は自分にとって父親であり、精神面での導師でもあった、とジョージは述べています。ちなみに、ジャズ・ヴォーカルのノラ・ジョーンズは、ラヴィ・シャ

ンカールの娘です。

ジョージは、インドで出会った人たちのほとんどがヒンドゥー教徒だったので、自然な流れで自分もヒンドゥー教に関わりあうようになったと述べています。そして、キリスト教について、キリストが何者であるのかについて、理解するようになったといいます。

また、ジョージはヒンドゥー教の教えに従って菜食主義者になり、ヨガにも大きな関心を寄せました。あとになって、インド音楽がこうした精神世界への踏み台だったことを悟ったそうです。

そんなわけで、ジョージはインドへの旅を通して、インドの音楽、歴史、哲学に対して、大きな敬意を捧げるようになりました。ジョージの心の中では、西洋と東洋も近い存在となり、互いにいいところを補完し合える関係になっていったのです。

ジョージ・ハリスンの苦悩

ジョージをインドへと導いた最大の要因は、ビートルズがいっさいのツアーをやめる決断をする直前の頃のジョージが抱えていた、精神的苦悩だったのではないかと私は考えています。

世界一のポップ・グループ（この頃はまだ「ロック・バンド」という呼称は一般的ではありませんでした）になったビートルズのメンバーが、日々、ツアーとレコーディングに明け暮れ、心と体が休む暇もなく活動を続けているうちに、自分の生き方の方向性を一瞬見失うということは、じゅうぶん起こりえたことでしょう。

なかでもジョージは、レノン＝マッカートニーという巨大な才能の前で、表向きには立場が同等でも、全部公平というわけにはいかず、それに対する不満がありました。それは誰の目にも明らかで、たとえば、レコーディングにおけるアルバム収録曲のほとんどはレノン＝マッカートニーの曲で、ジョージの曲はほんのわずかしか採用されなかったという事実があります。

ジョージの不満は、アルバム制作中の演奏現場においてもポールと衝突するなどして、次第に増幅していきました。そのあたりの葛藤は、ビートルズの伝記などにリアルに描かれています。

こうしてジョージはグループ内での孤立とアーティストとしての苦悩を深め、その救いをインドの精神世界に求めるようになっていくのです。

ジョージは、ビートルズ解散後の１９７０年11月に、３枚組のアルバム『オール・シングス・マスト・パス』を発表し、それまで溜め込んできた曲を、蓄積した不満とともに一気に吐き出します。

アルバムタイトルは「すべてのものは過ぎ去っていく」という宗教的な意味

あいをもち、収録曲も形態はロックですが、詞の部分ではインドの精神世界の影響が色濃く反映されています。「マイ・スウィート・ロード」や「ホワット・イズ・ライフ」といったヒット曲にそれが端的にうかがえます。このアルバムは、全米、全英のアルバム・チャートで1位となり、ジョージの心に何よりのプレゼントを届けることになりました。

その後、1973年6月には、やはり精神世界のことを歌った『リヴィング・イン・ザ・マテリアル・ワールド』というアルバムをリリースします。

そのアルバムタイトル曲の歌詞では、金持ちになって物質世界（マテリアル・ワールド）の虜になった自分たちビートルズのことが自虐的に取り上げられていました。このように、ジョージにとってのインドは、心と体のリセットばかりでなく、ミュージシャンとして生きる上でのリセットにまで影響したのです。

クリフ・リチャードと植民地インド

話が少し横道にそれますが、ビートルズとインドとの結びつきは、ある意味でそれほど唐突なことではありませんでした。というのも、インドは彼らの母国であるイギリスの植民地だったという歴史があるからです。

ここでインドの歴史を簡単にひも解いてみましょう。

紀元前2500年から2300年にかけて、インダス川流域あたりにインダス文明が興こります。その後、紀元前1500年頃に、中央アジアにいたアーリア人がインド西北部から入り、インド亜大陸（インド半島）に定住しました。その結果、アーリア社会の特徴がインド亜大陸に根付き、その影響は現代にいたります。

時代がいっきに下って、1562年にムガール帝国が興こりましたが、イギリスは1600年に東インド会社を作り、これをインド植民地化への足がかりとします。1803年には、中・南インドに興こったマラータ王国を攻め滅ぼし、1858年にイギリスの統治による英領インド帝国としたのでした。

この支配は、第二次世界大戦後の1947年まで続くことになります。その結果、イギリス人のインドへの移住が頻繁になり、ポップ・ミュージックの世界でも、インド生まれのイギリス人のスターまで生み出すことになりました。その代表が、現在でもイギリスの国民的スターと称されるクリフ・リチャードです。1958年に「ムーヴ・イット」でデビューしたクリフは、ビートルズの登場後も「オン・ザ・ビーチ」、「コングラチュレーション」などの世界的ヒット曲を出しています。

このように、ビートルズが活躍していた頃のロンドンにインドの文化が届いても、なんら不思議ではないのです。

インドの宗教は、約80％がヒンドゥー教です。よくジョージの曲の歌詞に出てくる「クリシュナ」は、ヒンドゥー教の神ヴィシュヌの化身といわれています。ヒンドゥー教は多神教で、三大神としてブラフマー（創造神）、ヴィシュヌ（維持神）、シヴァ（破壊神）が有名です。

また牛は聖なるものとされ、聖牛ナンディンのようにシヴァ神の乗り物として知られています。それ故にヒンドゥー教徒は絶対に牛を食べません。豚もヒンドゥー教徒にとっては、汚れた肉とされています。しかし、川は汚れを流してくれるという理由から、川魚は浄性が高いので、食べる機会が多いといいます。

ちょっと長くなりましたが、ジョージはこんな歴史と宗教的背景をもつインドに心を奪われたのです。

『オール・シングス・マスト・パス』

さて、その後のジョージ・ハリスンについて、もう少し書いておきましょう。ジョージの1970年代は、『オール・シングス・マスト・パス』で華々しくスタートしました。しかし、以降の彼の生活が平穏であったかというと、そんなことはありませんでした。

1974年に最初の妻パティと離婚。破局の原因は、パティの浮気（相手はのちにローリング・ストーンズのメンバーとなるロン・ウッド）といわれています。その前後には、ジョージはストレスのためか、アルコールに依存することがありました。

1976年には、オリヴィア・トリニアード・アリアスと再婚し、同年に一人息子のダニィをもうけたときは幸福の絶頂にありました。しかし、1980

年12月にジョンが亡くなったあとに、ひしひしとせまる不安感から一時的にせよ薬物に走りました。

80年代は音楽的に低迷した時期でしたが、1986年のカール・パーキンスとの共演が彼を再起させます。つまり、ビートルズの原点に近いロックンロールを演奏することで生気を取り戻したのです。これはジョージにとっては、治療のようなものでした。

1987年には、アルバム『クラウド・ナイン』をリリースし、そこからのシングルカット曲「セット・オン・ユー（Got My Mind Set on You）」がアメリカのヒットチャートで1位を獲得します。この曲は、「ビルボード」誌の年間ランキングでも5位に輝く大ヒットになりました。その後は、トラヴェリング・ウィルベリーズのアルバム・リリースや日本公演などのツアー活動を続けていくことになります。

ジョージの早すぎる死

1988年におこなわれた記者会見の記録が残っています。この中で語られたジョージの典型的な日常とは次のようなものでした。

朝起きると庭を走って、スコットランド風のオートミールのポリッジを食べてからレコーディング・スタジオに行き、空腹になるとベジタリアン・レストランへ食事にでかけ、戻ってからやり残した仕事を片付け、それから寝る、という一日でした。

つまり、この時点でもジョージは菜食主義をきちんと守っていたことがわかります。1992年に来日したときのコメントでは、菜食主義にかかわるような内容は見当たりませんが、彼のまじめな性格から考えると、亡くなる直前まで菜食主義を続けたであろうと推測されます。それが証拠に、ジョージは当時も、それ以前と変わらずスリムな体型を維持していました。

ジョージ・ハリスンは、１９９６年7月に咽頭がんの手術を受け、その後、放射線療法を受けています。経過は良好で、98年5月の検査で、「心配なし」と診断されました。同年6月には、「がんはタバコが原因」という声明を発表しています。確かに20代までのジョージは、ヘビー・スモーカーだったようですが、ヒンドゥー教の影響を受けてから禁欲的な生活をしていたのですから、必ずしもタバコだけの影響とはいいきれないかもしれません。

術後は良好に思われましたが、ジョージは再び病魔に襲われます。２００１年5月、アメリカで肺がんの手術を受け、イタリアで静養中であると報道されました。同年11月になってがんが進行したため再入院、11月22日には、ポールとリンゴが見舞いに訪れ、これが結果的に、ビートルズの３人が顔を合わせた最後となりました。このとき、３人は抱き合って号泣したそうです。そして11

月24日、ジョージはロサンゼルスで死去、享年58でした。

晩年のジョージは、表面的にはクリシュナ信仰からは離れていったように見えましたが、インド音楽の師であるラヴィ・シャンカールとの密接な関係は続いていました。ジョージが亡くなるときに看取った人の中に、彼がいたのです。

1995年にラヴィ・シャンカールが来日した際、彼はこう語っています。

「ビートルズの中で本当の意味で深くインドに感化されたのは、ジョージだけで、食べること、考え方などすべてだった」

医師である私の目から見て、少なくともインドで学んだ菜食主義的な食生活が、彼の命を短くしてしまったわけではないと思っています。死という運命がいつ訪れるかは誰にもわからないのですが、あまりにも早すぎる気がします。

COLUMN 2
ストレスと自律神経

私たちは通常、意識することなく呼吸し、心臓を動かしています。それは、循環器や消化器、呼吸器などは、意志とは関係なく活動する神経によってコントロールされているからで、この神経のことを自律神経といいます。

この自律神経には、交感神経と副交感神経の２種類があり、これらが交互に活動することでからだのリズムは作られます。たとえば昼間、人間が活動している間は、主に交感神経が活発になり、夜になると今度は副交感神経の働きが活性化されるのです。

このように交感神経と副交感神経がバランスよく正常に働いていれば何も問題はないのですが、ストレスがかかると交感神経が過剰に働きはじめ、交感神経が優位になってしまいます。その結果、肩こり、頭痛、不眠、動悸などを引き起こし、さらには胃潰瘍、狭心症、心筋梗塞、脳血管障害、うつ病などの発生リスクを高めます。

ストレスを感じたときは可能な限り、交感神経の緊張を低下させ、副交感神経を活発にすることが肝心です。ストレス解消が健康への第一歩といわれる所以です。

CHAPTER 3

癒しのツールとしての音楽

サイケデリック・ミュージック

アバンギャルドから始まったビートルズのメンバーたちの精神の解放は、サイケデリックの世界へと広がっていきました。「サイケデリック」とは「LSDなどの幻覚剤によって生じる幻覚や陶酔状態を想起させるさま」を意味します。サイケデリック・ミュージックを代表するバンドとしては、アメリカのグレイトフル・デッドやジェファソン・エアプレインなどが有名ですが、サイケデリック・ミュージックが音楽シーンに初めて登場したのは、ビートルズのアルバム『リボルバー』（1966年発売）が始まりといわれています。この新しい音楽ムーブメントは、イギリスのみならず世界中へと波及していきました。

1965年に発表したクラシック音楽を導入した「イエスタデイ」で、ビートルズは10代の若者たちだけでなく、大人の音楽ファンの心もつかみました。

さらに、それまでビートルズに見向きもしなかった大御所のシンガーやオーケストラがこぞってこの曲を取り上げるようになり、現在まで1000を超えるカヴァー・バージョンが誕生したともいわれています。こうして、「イエスタデイ」はスタンダード・ナンバーとなり、ビートルズはより広く世界に認知されるようになったのです。

ロックの世界からこうした音楽の教科書にも載るような名曲が生まれたことも革命的なことだったのですが、その後、ビートルズはクラシック音楽とは全く異質なサイケデリック・ミュージックで時代をリードし、カウンターカルチャーの象徴的存在となるのです。

1967年にリリースされたビートルズのアルバム『サージェント・ペパーズ・ロンリー・ハーツ・クラブ・バンド』は、サイケデリック・ミュージックの金字塔ともいえる1枚となりました。実は、サイケデリック・ミュージックへの試みは、ポールの『マッカートニー』やジョージの『オール・シングス・マスト・パス』がそうであったように、ビートルズのメンバーにとって、精神的な問題やストレスからの解放をも意味していたのです。

LSDは精神療法の薬だった

サイケデリック・ミュージックとは、LSDのような幻覚剤を服用したときの変性意識状態（俗にいうトリップ状態）を引き出すための音楽を指したものです。

意外に知られていませんが、サイケデリック・ミュージックに大きく関与している幻覚剤のLSDは、もともとは精神療法の薬剤として開発されました。

1963年頃に、アメリカのニュージャージー州の精神神経センターでアルコール依存症の患者に対してＬＳＤを用いた実験的治療が始められました。当時は、人間のさまざまな意識レベルを研究するためにＬＳＤやメスカリンなどの幻覚剤が用いられていました。とりわけＬＳＤは、拡大された意識へのドアを開き、その状態を比較的長時間にわたって維持する効果をもつものと考えられていました。

しかし、のちにこれらの薬物には重大な副作用があることがわかり、その代わりとしてバイオ・フィードバック（聴覚によるきっかけを与える方法。たとえば、血圧がある一定の高さになったときに、音を鳴らしてその人の機能を制御できるようにする）やリラクゼーション、そして音楽などを用いた精神療法が開発されることになったのです。

音楽は主として個人的な内面探究へのガイドとなるものと考えられ、また、薬物が音楽の効果を強めている可能性も研究者の間で指摘されていました。

ミュージックセラピストのヘレン・ボニーらは、アメリカのメリーランド精神医学研究センターにおいて、ＬＳＤなどの薬物と音楽の相乗効果によって、自己を新しい覚醒レベルに到達させることが可能であることを実証しました。つまり、薬物と音楽を併用することで患者に強烈な至高体験（自己超越体験）を与え、そのことで患者が抱えている問題を解決する意欲を高めることができることを見出したのです。

さらに、ヘレンらは、薬物がなくても音楽だけでそれが可能であることを発見し、「音楽によるイメージ誘導法（Guided Images in Music ＝ＧＩＭ）」を開発しました。

サイケデリック・ミュージックは、まさにこうした理論的背景のもとに世界中に広まっていったのです。

「サマー・オブ・ラブ」への幻滅

『サージェント・ペパーズ・ロンリー・ハーツ・クラブ・バンド』が発表された1967年は、のちにはヒッピーたちによる「サマー・オブ・ラヴ」の年として知られることになります。この年の夏にアメリカを中心に先進資本主義国家の中で、新しい生き方や政治、文化を求める若者の動きが大きなうねりとなって巻き起こったのです。同年の6月25日には、ビートルズが世界24カ国を結ぶ初の衛星中継番組『アワ・ワールド』で「愛こそはすべて（All You Need is Love）」を歌い、世界中にラブ（愛）のメッセージを送りました。

同年8月、ジョージ・ハリスンは、ラヴィ・シャンカールのコンサートを観るためにロサンゼルスへ行っています。さらにヒッピーのメッカとなっていたサンフランシスコのヘイト・アシュベリーを訪れました。

ジョージは、サンフランシスコまでリアジェットで向かいました。ビートルズの広報担当のデレク・テイラーが、ジョージをあるディスク・ジョッキーに会わせるというので、彼らは空港からリムジンでラジオ局へ直行しました。そのＤＪから、何かを混入させた正体不明のドラッグをもらい、そのあとヘイト・アシュベリーへ向かったのでした。

ジョージは、そこに素晴らしい理想の世界が広がっていることを期待していたようですが、実際に行ってみると、ヘイト・アシュベリーは荒廃した裏町と化していて、ドラッグ漬けのドロップアウトや浮浪者に溢れていました。その多くは、まだ年端もいかない若者たちで、アメリカ中から、このＬＳＤのメッカへ集まってきていたのです。

ドラッグ漬けになった人々の惨状を目の当たりにしたジョージはとても大きなショックを受け、〝これは間違っている〟と感じました。そして、自らもドラッグを断ち切ることを決意します。

こうしてジョージは、「にせものの楽園」に幻滅する一方で、本気でインドの瞑想にのめりこむようになりました。ジョージはドラッグに精神の解放を求めたのですが、ヘイト・アシュベリーでの体験をへて、その問題点の大きさに気づいたのです。

こうしてジョージの心は、どんどんインドへ傾きました。他の３人のメンバーも、ジョージにつられてインドへと吸い寄せられていったのです。

医療の現場で活躍する音楽療法

私たちは音楽や絵画に触れることで心の癒しを感じます。芸術には、人の心を癒す力があることは多くの人が体験しています。実際に芸術は臨床の現場でも応用されていて、総称して芸術療法（アートセラピー）と呼ばれています。音楽療法もその一つで、先に紹介したヘレン・ボニーらの「音楽によるイメージ誘導法（ＧＩＭ）」もこれに含まれます。音楽には治癒力があるのです。

音楽療法には、音楽を受け身的に聴くだけの「受動的音楽療法」と、参加者が歌い、楽器を演奏するなどして積極的に音楽を奏でる「能動的音楽療法」があります。すなわち、音楽をリスナーとして聴く人も、それを作り、演奏するミュージシャンも、ともに音楽で治癒されるということです。

ビートルズのメンバーは、次々と襲ってくるストレスに押しつぶされそうになり、自らの精神のバランスを保つために瞑想やドラッグに救いを求めました。しかし、彼らの仕事である音楽の創作活動そのものが、「能動的音楽療法」として機能していたのではないでしょうか。

医療現場で実際に使われている受動的音楽療法について紹介しておきましょ

う。２０００年10月の日本医師会雑誌における「音楽療法特集」では、受動的音楽療法は補助的治療法として位置づけられています。

たとえば、高血圧、気管支ぜんそく、慢性胃炎、消化性潰瘍、過敏性腸症候群、狭心症、偏頭痛、緊張型頭痛などの一連の心身症のカテゴリーに分類される疾患や、神経症やうつ状態、不眠症、更年期障害、不定愁訴、疼痛、不眠、ストレス関連性障害などに有効とされています。

さらに予防医学として、心身のリラックスや躁うつ、感情（緊張、怒りなど）のコントロール、特殊な状況（手術室、人工透析、内視鏡などの処置室、集中治療室の室内、歯科治療など）における不安軽減のためのＢＧＭとしてなど、その応用範囲はますます広がりつつあります。

ビートルズの〝ゆらぎ〟でリラックス

ビートルズの楽曲のように多くの人々が心地よいと感じる音楽には、何か共通する秘密があるのではないか――。現在、こうした発想にもとづいて、さまざまな研究が進められています。

なかでも興味深いのは、〝ゆらぎ〟と音楽の心地よさの関係を解析した研究です。

ゆらぎとは、辞書的な定義では「ある量の平均値は巨視的には一定であっても、微視的には平均と微妙なずれがあり、そのずれのこと」とあります。

物理学者である東京工業大学名誉教授の武者利光氏によると、〝ゆらぎ〟は、「白色ゆらぎ」と「1／f^2ゆらぎ」、そして「1／fゆらぎ」と、大きく3つに分けられそうです。「白色ゆらぎ」は規則性のない完全にでたらめな〝ゆらぎ〟

で、「1／f^2ゆらぎ」は秩序だった〝ゆらぎ〟、「1／fゆらぎ」は適度に規則的にランダムであるという、不思議な〝ゆらぎ〟です。

音楽療法においては、この「1／fゆらぎ」が重要とされています。といっても、「1／fゆらぎ」は決して特別なものではありません。このゆらぎのパターンは、そよ風や小川のせせらぎ、脳波など、自然界や人体に広く存在しています。そのため、人間は「1／fゆらぎ」を自然で心地よいと感じるのです。

名城大学教授の木下栄蔵氏らは、この「1／fゆらぎ」を用いて、ビートルズの楽曲を解析しています（『癒しの音楽 ゆらぎと癒し効果の科学』木下栄蔵・亀井栄治共著／久美出版）。その対象となったのは、次の4曲です。

まず、ジョン作の典型的ロックンロール・ナンバー「ヘルプ」です。この曲の〝ゆらぎ〟の数値はマイナス1・391で1000Hz（ヘルツ）付近の高音域のパワーが非常に小さいのが特徴です。数値的には、この曲にはそれほど〝ゆらぎ〟がないということになります。

2曲目はポール作「ハロー・グッドバイ」。〝ゆらぎ〟の値は「ヘルプ」と同様マイナス1・391で、スペクトル分布は直線的に綺麗に分布しており、この曲も1000Hz付近の高音域のパワーが非常に小さくなっています。

3曲目は同じくポール作の「イエスタデイ」です。〝ゆらぎ〟の数値は、マイナス1・265。スペクトル分布の変化が比較的激しく、6000〜10000Hz付近に周波数の小さなピークが認められます。

4曲目もポール作「レット・イット・ビー」。この曲の〝ゆらぎ〟は、マイナス1・249で、比較的静かな曲であり、「ヘルプ」や「ハロー・グッドバイ」と比較して、各音域のパワーが小さくなっています。やはり、「イエスタデイ」と同様に、6000〜10000Hz付近に小さなピークが認められました。

以上の結果をもとに、木下教授らはモーツァルトのいくつかの楽曲と比較してみました。それによると、「イエスタデイ」や「レット・イット・ビー」はモーツァルトの「レクイエム」に比較的近い〝ゆらぎ〟の値を示したとしています。これら3つの楽曲が近いレベルの〝ゆらぎ〟効果をもっているというのは、とても興味深いところです。

ビートルズやモーツァルトの音楽が人々に安らぎを与え、リラックスモード（副交感神経優位）に導く効果があるのは、こうした〝ゆらぎ〟の効果に秘密が隠されているのかもしれません。

癒しのリセット・ミュージック

ストレス過多の状況を改善するためには、まず副交感神経を優位に、つまり活性化する必要があります。それには、ややスロー・テンポの曲がいいのです。

テンポ数の値が低い曲は主に副交感神経を優位にするので、心拍数の低下、血圧上昇の予防、胃腸運動の亢進、不眠の改善が期待できます。たとえば、眠りにつく前に、ゆったりとしたテンポの曲を聴くと不眠の改善に有効です。

ちなみに〝スロー・テンポ〟とは、人間が本能的に心地よいと感じる、１００拍／分（1分間に１００拍。Ｔ＝１００）前後よりもややゆっくりの、60拍／分（Ｔ＝60）前後のテンポを指します。

テンポが遅いだけでなく、ビートが弱めの、アコースティック楽器で演奏されている曲、音域が広すぎることなく、親しみやすいメロディーをもつ曲のほうが、より心のリセット効果があると考えられます。

こうした条件を備えたリラックスモードの曲を聴くことで、聴神経経由で視床部・下垂体から副腎髄質が反応し、カテコールアミン（副腎髄質から分泌される心臓の収縮や血圧の上昇を促すホルモン。ドーパミン、アドレナリン、ノンアドレナリンの総称）の分泌がやや抑制され、リラックスモード（副交感神経優位）に移行することができるのです。

このように、心身をリラックスさせ、気持ちをリセットしてくれる音楽を、私は「リセット・ミュージック」と名づけました。ビートルズの曲の中には、リセット・ミュージックとして、有用な曲が何曲もあります。たとえば、「イエスタデイ」「ジュリア」「ノルウェーの森」「サムシング」「アンド・アイ・ラブ・ハー」「グッド・ナイト」などです。

また、ポップス・オーケストラによるビートルズのカヴァー・バージョンも、「リセット・ミュージック」としておすすめできます。

たとえば、アメリカで結成されたホリーリッジ・ストリングスは、『ザ・ビートルズ・ソング・ブック』をはじめ、６枚ものビートルズのカヴァー・アルバムを発表しています。他にも、「夏の日の恋」のヒットで知られるアメリカを代表するイージー・リスニング・オーケストラのパーシー・フェイス・オーケストラや、「恋はみずいろ」などの大ヒットを残したフランスのオーケストラのポール・モーリア・オーケストラなどのビートルズカヴァーがおすすめです。

オーケストラではありませんが、ジャズやクラシックの曲をア・カペラでカヴァーするのを得意とするスウィングル・シンガーズも全曲ビートルズのカヴァー曲によるアルバムを発表しています。

みなさんも、通販サイトや音楽配信サービスで、これらの「リセット・ミュージック」を検索してみてはいかがでしょうか。

心拍数でわかるリセット・ミュージック

音楽を聴く前後の自律神経の変化は、心拍数を測ることである程度確認することができます。どんな音楽が「リセット・ミュージック」として適しているかを知るには有効な手段といえるでしょう。

私のクリニックで、大腸内視鏡検査を受ける前の緊張状態にある患者さん5人にお願いして、それぞれ検査前の心拍数を測定してみました。すると、Aさん68、Bさん82、Cさん75、Dさん78、Eさん86と、いずれも高い値でした。

そこで、ビートルズの「イエスタデイ」を繰り返し聴いてもらったあとにもう一度測定してみると、Aさん59、Bさん68、Cさん68、Dさん66、Eさん72と、全ての患者さんの心拍数が5～10％程度低下したのです。同じくビートルズの「グッド・ナイト」でも試してみたところ、同様の減少傾向を認めました。これらの曲によって交感神経優位（緊張状態）から副交感神経優位（リラックスモード）へと導かれたものと考えていいでしょう。

逆に、聴く人の心拍数を上げて興奮させる音楽もあります。この場合は交感神経が優位となるので、気分が高揚し緊張モードになります。ビートルズの曲でいうと、「ヘルプ」や「ハロー・グッドバイ」のような快活なロックンロール・ナンバーがそうです。

もちろん、こうした曲が心身によくないというわけではありません。心拍数を増加させて交感神経優位に導くことは、朝の目覚めやウォーミング・アップには最適です。要するに、気分を落ち着かせるのか、それとも高揚させるのか、目的に応じた音楽があるということです。

もう一つ、音楽が人間の感情に与える影響については、①調性（長調・短調）、②リズム、③テンポの側面から、次のようなことがわかっています。

①調性（スケール）……長調の曲は幸福を、短調の曲は悲哀を感じさせる。
②リズム……規則的で滑らかなリズムは幸せ、平和を示す。変化の多いリズムは楽しさを示す。

③テンポ……テンポとはイメージが知覚される基本拍の速度をいう。遅いテンポは穏やかさ・滑らかさ・優しさなどのイメージ、速いテンポは活動的・興奮・楽しさなどのイメージ。

これらのことは、ふだん、なんとなく気づいていることかもしれませんが、あらかじめ知っておくと、より音楽への理解が深まります。

テンポで選ぶビートルズ・ソング

私はかつて、ビートルズ全曲のテンポ数を調べたことがあります。ビートルズの曲の楽譜に記載されたテンポ数を調べ、テンポ（T）＝１００以上の曲ならアップ・テンポ、１００以下の曲はスロー・テンポと判断しました。

その結果、ビートルズの中で最も速いテンポの曲は「アイ・ウォナ・ビー・

ユア・マン」（T＝197）でした。以下、カントリー・タッチのギターが印象的な「ぼくが泣く」（T＝193）、「エイト・デイズ・ア・ウィーク」（T＝189）の順に続きます。

一方、最もテンポの遅い曲は、力強いバラード調の「オー！ダーリン」（T＝57）でした。以下は、アコースティックな名曲「ノルウェーの森」（T＝59）、ジョージ・ハリスン作のワルツ「アイ・ミー・マイン」（T＝60）などの順です。

したがって、朝の目覚めのとき、からだを活性化させたいときには、「エイト・デイズ・ア・ウィーク」などのアップ・テンポの曲、食事時や夜の就寝前などのリラックスモードに入りたいときには、「ノルウェーの森」などのスロー・テンポの曲、というように、シチュエーションに応じた使い分けが可能です。そのときの気分によって曲のメロディーやハーモニーだけでなく、テンポに注目して選曲するとよいのです。

テンポの速いビートルズ・ソング　ベスト10

1	アイ・ウォナ・ビー・ユア・マン
2	ぼくが泣く
3	エイト・デイズ・ア・ウィーク
4	ワン・アフター・９０９
5	アイム・ア・ルーザー
6	シーズ・ア・ウーマン
7	アイ・フィール・ファイン
8	キャント・バイ・ミー・ラブ
9	ザ・ナイト・ビフォア
10	ペイパーバック・ライター

テンポの遅いビートルズ・ソング　ベスト10

1	オー！ダーリン
2	ノルウェーの森
3	アイ・ミー・マイン
4	悲しみはぶっとばせ
5	グッド・ナイト
6	ロング・アンド・ワインディング・ロード
7	サムシング
8	イエス・イット・イズ
9	ジュリア
10	ベイビーズ・イン・ブラック

ハーモニーの癒し効果

メロディーとリズム、そしてハーモニー。これら音楽の三大要素のうち、ここでは癒し効果に関わるハーモニーの効果について考えてみましょう。

体調や心理状態がよくないとき、私たちは激しいデジタル・ビートの曲により強い不快を感じますが、人の声で構成された優しいハーモニーの曲には心地よさを感じるものです。

とくに1オクターブ以上にわたる和声で構成されるオープン・ハーモニーは、その音の広がりのためか、不安な気分をより開放的にしてくれます。交感神経の緊張の緩和、つまりリラックスモードへと導いてくれるのです。

ビートルズの曲でいえば、3声ハーモニー（ドミソのように3度上と3度下を足したハーモニースタイル）が際立って美しい、「ビコーズ」や「ジス・ボーイ（こいつ）」などがその代表的な曲といえます。

ここで癒し効果抜群のハーモニー・コーラス・グループを紹介しておきましょう。私のおすすめは、シンガーズ・アンリミテッドとフリー・デザインです。

シンガーズ・アンリミテッドは１９７０年代に活躍したアメリカの男女４人組のジャズ・コーラス・グループで、ア・カペラを得意としました。

フリー・デザインは１９６８年にデビューした、ソフト・ロックグループの代表格的存在です。その高い音楽性と抜群のハーモニー・ワークは４半世紀を経ったいまなお新鮮です。

彼らのア・カペラ曲には、性急なデジタル・ビートを前面に押し出した最近のヒット曲と比較すると、心拍数を低下させる傾向が認められます。

ところで、近ごろ「声明《しょうみょう》」が隠れたブームになっています。声明とは、お釈迦様の教え、つまりお経にメロディー（節）をつけたものです。数十人もの僧たちの声が重ねられる一種の仏教音楽といっていいでしょう。グレゴリア聖歌に近いともいえますが、西洋の宗教音楽のコーラスとは異なったハーモニーの魅力を感じさせてくれます。

これらの宗教音楽は、日々の不安をやわらげ、人々に宗教心を芽生えさせる力をもっているといわれています。人間の声によるハーモニーが心に及ぼす影響を、人間は何百年も前から経験的に知っていたのかもしれません。

お気に入りの音楽を鎮静剤に

医療現場では、以前から歯科治療の痛みの軽減や手術時の麻酔効果の増強などに関し、音楽のもつ効果についてさまざまな報告がありましたが、それらに対しての検証は十分になされてきませんでした。

そんななか2005年に米国エール大学の麻酔科のジーブ・ケイン教授らによって興味深いデータが報告されました。

それは、手術中の患者に好みの音楽を聴かせた場合、ホワイト・ノイズ（あらゆる周波数の音を含む雑音。掃除機のモーター音やテレビ放送終了後のサンドノイズなど）や手術中の雑音が耳に入る場合と比較して、鎮静剤の投薬量を減量させることが可能であることを実証したものでした。

過去の研究での問題点は、「脊椎麻酔下で手術を受けている患者に音楽を聴かせた場合、手術中の鎮静剤の投与量を低減できることが示されたが、それが音楽を聴くことによるものなのか、それとも手術室のノイズが聞こえなくなるためなのかわからない」ことにあったと、ケイン教授は述べています。

音楽による効果を客観的に評価するために、ケイン教授は次の方法を用いいました。

エール・ニューヘブン病院の患者36例とベイルート・アメリカン大学医療センター（レバノン・ベイルート）の患者54例を対象に、①自分の好きな音楽をヘッドフォンで聴くグループ、②ホワイト・ノイズをヘッドフォンで聴くグループ、③ヘッドフォンをつけずに手術室のノイズを聴くグループに分けました。

その結果、たとえば80デシベルにまで達する、手術器具を落とす音などの非常に不快な手術室のノイズをホワイト・ノイズで打ち消しても（②のグループ）、鎮静剤の投与量を減らすことはできませんでした。

一方、音楽を聴かせた①のグループでは、その投与量を減少させることができました。こうして、音楽の効果を客観的に評価することができたのです。

気分に合わせて音楽をチョイス

たとえば、気分が落ち込んだとき、みなさんはどんな曲を聴きたくなるでしょうか。

音楽療法を語るうえで欠かせない基本的概念の一つに、「同質の原理」があります。現代の音楽療法の礎となるこの概念は、1952年にアメリカの精神科医アイラ・アルトシューラーによって提唱されました。

これは、患者にそのときの気分やテンポに合った音楽を聴かせることで気持ちを代弁させ、精神的によい方向へと導こうというものです。「同質の原理」を応用すれば、気分が落ち込んだときは、快活で明るい曲ではなく、憂いのある曲がよいとされています。

この理論のもと、クラシック音楽を使った音楽療法はほぼ確立されています。

そこで私は、クラシックと同じように高い音楽性とハーモニーをもつビートルズの多くの曲で、この原理を応用することを考えました。

その一例をあげておきます。

◇孤独を感じるとき→「ミッシェル」など
◇気分が落ち込んだ時→「ロング・アンド・ワインディング・ロード」など
◇気分が高揚しているとき→「テル・ミー・ホワイ」など
◇勇気づけられたいとき→「ヘイ・ジュード」など
◇厳かな気分になりたいとき→「レット・イット・ビー」など
◇人恋しいとき→「アンド・アイ・ラブ・ハー」など

ふだんの生活でも、ただ好きな曲を聴くのではなく、ときには気分に合わせて音楽をチョイスしてみるのもよいでしょう。

「こころを癒す曲」ランキング

私が師と仰ぐ精神科医で作詞家の北山修先生の著書『こころを癒す音楽』（講談社）に非常に興味深いデータがあります。それは、平成13～14年に九州大学大学院人間環境学研究院の北山研究室で、精神科医や内科医、臨床心理士など心の問題を取り扱う臨床家計１６４名を対象に、これまでの人生で〝癒された〟と感じた曲を最大20曲あげてもらうというアンケートが行われました。

その結果、第1位は、同数でビートルズの「レット・イット・ビー」とジョン・レノンのソロ作品「イマジン」となりました。

ほかにも第19位「ヘイ・ジュード」、第26位に「イエスタデイ」がランク・インしています。上位の曲をあげておきますので参考までにご覧ください（同じ順位のものは同数）。

1　レット・イット・ビー（ビートルズ）
1　イマジン（ジョン・レノン）
3　川の流れのように（美空ひばり）
4　花
5　いい日旅立ち（山口百恵）
6　カノン（パッヘルベル）
6　ノクターン（ショパン）
6　無伴奏チェロ組曲（バッハ）
6　G線上のアリア（バッハ）

10　月光（ベートーヴェン）
11　赤とんぼ（童謡）
11　上を向いて歩こう（坂本九）
11　明日に架ける橋（サイモン&ガーファンクル）
11　イエスタデイ・ワンス・モア（カーペンターズ）
11　コンドルは飛んでいく（サイモン&ガーファンクル）
11　なごり雪（イルカ）
11　夜空ノムコウ（SMAP）
18　TSUNAMI（サザンオールスターズ）
19　いとしのエリー（サザンオールスターズ）
19　ふるさと（童謡）
19　秋桜（山口百恵）

19　卒業写真（荒井由実）
19　ヘイ・ジュード（ビートルズ）
19　主よ人の望みの喜びよ（バッハ）

〝あるがままに〟と歌われる「レット・イット・ビー」は、その美しいメロディーと後述する森田療法の森田正馬《まさたけ》の教えにも通じるスピリチュアルな歌詞とともに、いまも世界中の人々を癒し続けています。発売から50年以上経ったいまでも、これだけ支持される曲は他には見当たりません。

「思い出し法」と音楽療法

「思い出し法」という言葉は、私のオリジナルです。この方法を思いついたきっかけは、先に紹介した精神科医の北山修先生が主催する精神分析セミナーに通ったことがきっかけです。北山修先生に拙著『Pro Healing Music ～ポップスでリラクゼーション』（音楽之友社）の監修をしていただいたことがご縁で、セミナーに2年間通わせていただきました。

このセミナーによって、私はフロイトが、その著『精神分析入門』（１９１７年）で明らかにした「前意識」というものを理解しました。フロイトによれば、無意識と意識の間に前意識という領域が存在し、何かを思い出すということは前意識を見ることであるとしています。

その前意識の扉を開ける方法として、私は「思い出し法」という概念にたどりつきました。つまり、忘れていた部分が前意識であり、これは思い出すことで意識化されるのです。

ところで、昔の映画を観たり、音楽を聴いたりすると、当時の楽しかったことなどが鮮明に思い出され、幸福感を味わったことはないでしょうか。

昔の楽しかったことを思い出すと、脳内では大脳辺縁系にある感情システムが活性化して、ドーパミンという神経伝達物質が生まれます。つまり思い出すことは快感であり（一種、幸福でもあり）、脳の活性化にもつながると考えられるのです。この原理を応用したのが、私の考案した「思い出し法」です。

「脳トレ」で知られる東北大学教授の川島隆太氏によると、私たちの脳にはさまざまなものを連係させて覚える記憶のメカニズムが備わっているといいます。あることを記憶する際には、視覚情報、運動情報、聴覚情報、感情情報など、複数の情報をチェーンのように連係させるのがコツで、そのチェーンの数が多ければ多いほど記憶しやすくなるというのです。

逆に、何か一つのことを思い出すと、チェーンのごとくつながっている他のいろいろな情報もズルズルと芋づる式にいっしょに出てくることになります。

たとえば、ＴＶドラマのテーマ曲を聴く→そのドラマのイメージや感動的シーンが目に浮かんでくる→そのときの幸せ感がよみがえってくる→心が和んでリラックスモードになる、といったような連鎖反応が起こります。

また、記憶のチェーンにつながっている予期しなかったものが浮上してくれば、自分の意識の奥底に眠っていた記憶を意識の上まで引き上げることもできます。

よい思い出にひたることは幸福感にひたることであり、リラックスモードに入り、副交感神経が優位になりやすくなります。その結果、自律神経のバランスがとれることで血圧がコントロールできたり、胃腸が活発になったり、不眠が改善したりなど、心の幸福ばかりではなく、体の幸福も期待できるのです。

私が以前おこなった調査で、５人の男性被験者の指の先端に心拍数の計測モニター（パルスオキシメーター）をつけ、閉眼したうえで14～15歳頃の楽しかったことを思い出してもらいました。
その結果、数分以内にほとんどの人の心拍数が低下傾向を示しました。1分間の心拍数を思い出し前と思い出し中の5分間で測定したところ、次のような結果が出ました。

被験者A：70回／分→58回／分
被験者B：68回／分→60回／分
被験者C：60回／分→58回／分
被験者D：72回／分→61回／分
被験者E：74回／分→65回／分

このように、楽しかったことや心地よかったことを思い出すと、明らかに心拍数が低下し、副交感神経優位となり、リラックスモードへ入れることがうかがえるのです。

逆に、イヤなこと、苦痛だったことを思い出すと不快感をともない、ストレスとなって交感神経が優位となって緊張してしまいます。

そこでおすすめしたいのが、ストレスマネジメントの一環として、音楽療法と「思い出し法」をリンクさせる方法です。懐かしい曲を使って、思い出し法を行ってみるのです。それには、「抱きしめたい」「イエスタデイ」「サムシング」など、ビートルズの曲がピッタリでしょう。

これらを聴くことを糸口に、当時の楽しかった出来事を芋づる式に思い出してください。往年のビートルズ・ファンのカップル同士なら、共有した幸福な場面を思い出すことで脳が活性化し、至福のひとときが過ごせるかもしれません。

音楽療法と「思い出し法」のリンクを可能にするのは、誰もが知っているビートルズ・ナンバーだからこそです。早速、あなたの大好きなビートルズ・ナンバーをかけてみましょう。

COLUMN 3
脳は音楽をどこで聴いているか

最近ではMRI検査の進歩などもあり、音楽と脳の関係について、さまざまなことがわかってきました。その成果の一端を紹介しましょう。

音や音楽を感じるのは側頭葉の聴覚野です。脳のこの部分は一次聴覚野と呼ばれ、入力された音の情報は二次聴覚野（聴覚連合野）で整理されます。たとえばピアノの音なのかサイレンの音なのかというように特定されるのです。

音の要素のうち、その高低は主に右側頭葉で処理されます。音色の処理は右側頭葉と右前頭葉とが深く関与します。旋律の区別については脳の右半分が担っており、旋律を思い出すときには右前頭葉と側頭葉の活動が活発になることがわかっています。和音の識別も脳の右半分が深く関わります。一方、リズムを認知するのは主に脳の左半分です。

曲を聴くとき、音楽家の場合は脳の左半分、とくに左前頭前野が激しく反応するのに対し、一般の人は脳の右半分が優位となり聴覚連合が活性化されます。

これらのことから、一般の人が音楽を感覚的に聴くのに対し、音楽家は言語理解や論理的判断に関係する左脳を用いて分析的に音楽を聴いているといえるのです。

CHAPTER 4

ポール・マッカートニーと森田療法

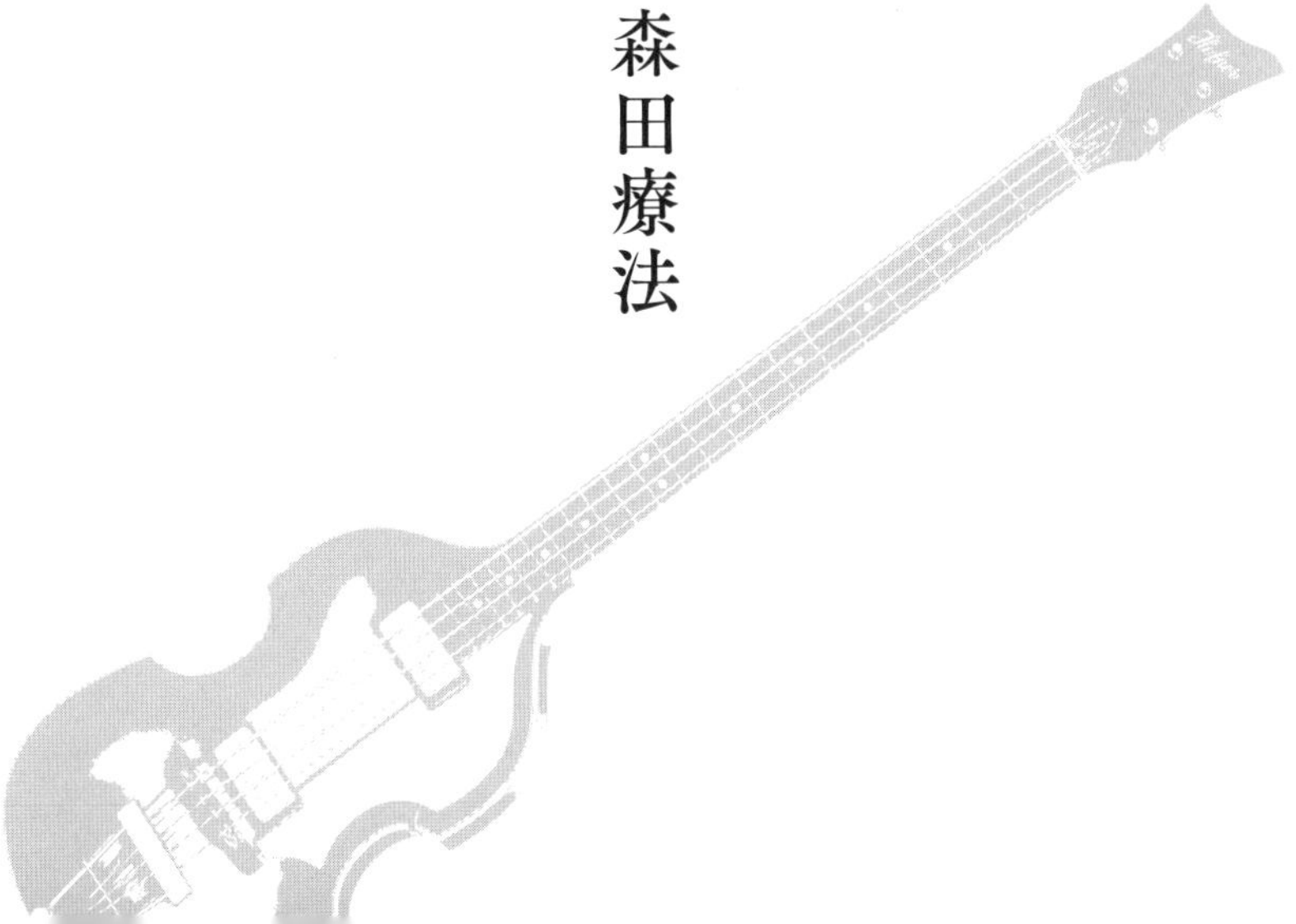

ポール、スコットランドに農場を買う

　１９６９年のビートルズ崩壊の時期に、ロンドンの自宅の庭で食事をするポール・マッカートニーの写真があります。この写真で確認できるのは、ベーコン、卵料理（おそらくは目玉焼き）、ハインツのトマトケチャップ、ミルク、HP印のソース、トーストなどです。この写真は妻のリンダが写したものです。ポールは何か書類を読みながら食事をしています。

　この写真からは、菜食主義者であるポールの姿はうかがえません。たしかに、ポールが独身時代に好きだった食べ物は、豆にトースト、炙ったチーズとトマトのサンドイッチといったリヴァプール時代からのなじみのものでした。しかし、１９６７年頃にガールフレンドのジェーン・アッシャーと一緒にベジタリアンのレストランに行ったことや、彼女がポールのためにベジタリアン食を

作ったことなどが記録として残っているので、１９６９年当時は、すでにベジタリアン食になじんでいたはずです。

ポールと仲がよく、のちにビートルズの伝記を書いたハンター・デイヴィスは、ポールとジェーンの食卓がベジタリアン・フードであったと述べています。それは夕食に肉を使わない料理で、ヴィネグレット・ソースつきのアボカドや木の実とスパイスを入れた野菜のキャセロール（蒸し焼き鍋）などでした。

ポールは、１９６６年６月に、スコットランド南西部のキーンタイア半島にあるハイ・パーク農場を購入しています。当時の高額所得者への特別付加税は95％という高率で、それへの対策として不動産投資を会計士から提案されたためでした。

敷地は４０００エーカーもあり、スクロプリン・ロッホを見下ろす荒涼とした丘の上にありました。１エーカーは約４０４７㎡ですから、その広大さがわかるでしょう。キーンタイアという地名は、ポール・マッカートニー&ウイングスの『マル・オブ・キーンタイア（夢の旅人）』（１９７７年）というシングル曲のタイトルとしても有名になりました。

ポールは、このハイ・パーク農場を自分たちの手で人が住めるようにしました。ポールは当時婚約者だったジェーンと、ここでの休暇を楽しんだといいます。ビートルズのマネージャーのブライアン・エプスタインのアシスタントだったアリステア・テイラーに、農場近くのキャンベルタウンで、フォーミカの中古のテーブルとイス、電気ストーブ、ベッド数台を買ってきてもらったそうです（『ビートルズ シークレット・ヒストリー』アリステア・テイラー／プロデュース・センター出版局）。

「リンダが僕を救いだしてくれた」

その後、ポールはジェーンと破局しますが、ビートルズ脱退後、写真家だったリンダ・イーストマンと1969年3月に結婚します。それを機に、ロンドンを離れて一家でハイ・パーク農場に移り住みました。リンダは再婚で、連れ子のヘザーも一緒でした。

農場に来た当初、ポールは大きなストレスを抱えていてうつ状態となり、大量の酒と薬物にまで手を出していました（『ポール・マッカートニーLife 破壊と創造の1970年代』トム・ドイル／TOブックス）。

「リンダが僕を救いだしてくれたんだ。温かい家庭の力でね」と、のちにポールは語っています。

あれだけの音楽家としての成功を得て、クリエイティブで快活なポールにも、こんな苦難な時代があったのです。この時期は、ビートルズのマネージメントの問題を含めて、4人の間にトラブルが多発する時期でした。つまりストレスから逃れるためのカントリー・ライフだったともいえるのです。

ポールは車の屋根にギターをのせ、持てるものは全部持ってキーンタイアへ向かいました。家族とアップルの最も親しい仲間にしかハイ・パーク農場のことは知らされず、その結果、当時、ポールが死んだという噂さえ流れたのです。

1969年12月、ポールは、農場に、にわか仕立ての4トラック・レコーダーを持ち込んで、自作・自演・セルフプロデュースの初のソロアルバム『マッカートニー』の録音に取りかかります。そこは「ルード・スタジオ」と名づけられました。

このスタジオでリンダの励ましを受けながら、ポールはうつ状態緩和のセラピーとして音楽を創ることで、同時に作詞・作曲のモチベーションを徐々に取り戻していきました。ポールいわく、「リンダが背中を押してくれたんだ。（ねぇ、あんまりクレイジーになりすぎるもの嫌だものね）」

1970年4月に発表された『マッカートニー』の曲は、リンダへの愛と感謝の気持ちを込めて、「ラブリィ・リンダ」から始まっています。リンダとのデュエット曲「男はとっても寂しいもの（マン・ウィ・ワズ・ロンリー）」では、ポールとリンダの自主的な「亡命」生活は、世界が思っているほどのどかなものではなく、どん底の状態から始まったこと、さらには温かい家族生活が、いかに彼らを前向きにさせてくれたかということが歌われています。

レット・イット・ビー（あるがままに）

ポールが初のソロアルバム『マッカートニー』を制作している頃、全世界では、ビートルズのシングル盤「レット・イット・ビー」(1969年1月録音)が大ヒットしていました。この曲は、「僕が苦しんでいると、マザー・メアリーがやってきて、知恵ある言葉をかけてくれる。〝レット・イット・ビー(あるがままに)〟」という歌詞で始まります。当時、世界中に「レット・イット・ビー」、つまり「あるがままに～、あるがままに～」という歌詞が流れていたのです。

ビートルズとしてはイギリスでは最後のシングル曲となった「レット・イット・ビー」について、ポールは次のように発言しています。

「それは素晴らしい夢だった。おそらくは僕を励ましてくれたんだ。夢の中で、彼女は『大丈夫だよ』といってくれた。『レット・イット・ビー』という言い方だったかどうかは覚えていないけど」

「彼女」とは、ポールの母親のメアリーのことで、ビートルズ研究家の遠山修司氏によれば、母メアリーの口癖が「レット・イット・ビー」だったそうです。

そして、ある晩、ポールの夢のなかに母のメアリーがあらわれ、〝レット・イット・ビー（あるがままに）〟と「知恵の言葉（words of wisdom）」をささやいたのです（『ビートルズが伝えたかったこと〜歌詞の背影と誤訳の深層』里中哲彦・遠山修司／秀和システム）。

「レット・イット・ビー」が録音された頃は、名マネージャーのブライアン・エプスタイン亡きあとの後継問題や、ビートルズのメンバーの個性が強まってメンバー間の緊張感が高まったり、オノ・ヨーコが出現したりするなど、ポール自身もさまざまなストレスを抱えていた時期でした。

その中で再度立ち上がることができたのは、スコットランドの農場での「レット・イット・ビー」的生活、つまり「あるがままに」を受け入れる生活のおかげだったのではないかと思われます。当時のポールは、まさに「あるがままに」の声に従って、ときに農作業をし、ときに音楽を創るという生活を送ることで、ストレスフリーの状態に近づこうとしていたのではないでしょうか。

森田療法との共通性

この「あるがままに」というキーワードで想起されるのが、日本で開発された「森田療法」という精神療法です。

森田療法では、この「あるがままに」という生活態度や「作業療法（ポールにおけるハイ・パーク農場での農作業や自宅の建築作業など）」を治療の柱にしています。ポールは、自分では知らないうちに森田療法的治療を自らおこない、ストレス過多の状況を少しずつ改善していったと思われるのです。

個人的な話になりますが、実は、私と森田療法にはある因縁があります。

森田療法の創設者である森田正馬《まさたけ》は明治時代の医師で、私の卒業した東京慈恵会医科大学の初代精神科の担当でした。私の学生時代の１９７０年代後半には、精神科の講義の中に森田療法の講義があり、また内科の講義の中にも心療内科の一つとして森田療法の講義がありました。現在でも、東京慈恵会医科大学附属第三病院には森田療法の入院病棟があり、治療がおこなわれています

私は１９８０年に東京慈恵会医科大学を卒業し、２年間の研修医終了後に、心療内科医として森田療法を学びたいと考えていました。ところが、私が入局する直前に担当教室である助教授が、大学病院の関連病院の一つに出向することになり、私の入局直前に心療内科が消滅してしまったのです。

そこで私は、東京慈恵会医科大学附属第三病院内科に入局し、消化器内科を専門とすることになったのですが、心療内科的治療のアプローチを独学でおこなうようになり、大学病院に入院してくる摂食障害の患者さんに対して、積極的に森田療法的治療を加えるようになったのです。

ただし一人の力では限界があるので、当時、東京慈恵会医科大学第三病院精神科助教授で、森田療法の専門家である北西憲二先生のアドバイスを受けることもありました。

さて、森田正馬の考え方は、「要するに、人生は苦であり楽は楽である。『柳は緑、花は紅』である。その『あるがまま』にあり、『自然に服従し、境遇は柔順である』のが真の道である」（『森田正馬全集第5巻』白揚社　1975年）という言葉に集約されるでしょう。

この森田正馬のメッセージが、1969〜1971年頃のポールの「レット・イット・ビー」的な日々と結びついて見えるのは私だけでしょうか。さらにいえば、この「レット・イット・ビー」すなわち「あるがままに」の精神は、2020年から始まった世界的なコロナ禍の閉塞状況を乗り越えるためのキーワードといえなくもないのです。

ここで、森田療法の創始者・森田正馬について紹介します。

森田は、明治7年（1874年）に森田家の長男として高知県に生まれました。森田家は郷士でした。

森田自身が中学生の頃に、パニック障害と体へのとらわれ、対人恐怖などの症状があり、森田は、腹式呼吸、白隠禅師の内観法などを試みています。

1898年（25歳）に東京帝国大学医科大学（のちの東京大学医学部）に入学。精神医学を専攻し、当時、精神医学担当であった呉秀三教授の門下となりました。1903年に慈恵医院医学専門学校（のちの東京慈恵会医科大学）の精神病理学講義を指命されて開講し、森田は、慈恵医大の精神科の初代担当となりました。

1921年に森田療法に関する論文として「神経質及神経衰弱症の療法」、1926年に「神経衰弱及強迫観念の根治法」、1928年に「神経質の本態及療法」などを発表しています。

当初の入院森田療法では、臥褥《がじょく》期（社会、家庭から離れ、4〜7日間、トイレ、食事以外は終日寝ていることを要請される時期）、軽い作業期（外出は許されず、家の中で軽い作業を約1週間）、重い作業期（さまざまな生活を維持するための活動、作業を行う）、複雑な実際生活期（社会復期の準備をする時期）の4期を設けていました。

森田療法の原理は、「あるがままに生きる」ということでした。つまり、あるがままに自分を受け入れる、あるがままに自分を表現する、あるがままが一番尊く正しい、という「事実本位」の生き方（事実唯真《ただしん》）にありました。

ポールの危機回復のプロセス

森田療法による回復のプロセスについて、森田療法の専門家である北西憲二氏は次のように述べています（『はじめての森田療法』講談社現代新書より）。

①プロセス1……人生の危機と悪循環
症状をあってはならないものと認識し、心の中で取り除こうとすることが苦痛となる。それにとらわれることで、悪循環となる。

②プロセス2……行き詰まりと転機
行き詰まった感覚が、異なった生き方を必要とする感覚を生みだす。

③プロセス3……限界を知る
理想の自己と考えついた部分を削り、現実の自己（身体や内的自然＝生命・

生きる力）を膨らます作業に取りくむようになる。

④プロセス４……「あるがまま」に生きる

苦悩を苦悩として、価値づけせず、受け入れていくしかないという、「受容の促進」を、深い感情的レベルで体験すること、人生の無情と知ることが才能になる。

これまで紹介したポールのヒストリーをたどっていくと、ビートルズ脱退という「プロセス１」、スコットランドへの移住という「プロセス２」、自作自演のソロアルバム『マッカートニー』の制作・リリースという「プロセス３」、そのあとの「レット・イット・ビー」の境地にいたる「プロセス４」というように、それぞれがピッタリ当てはまります。

私たちが今後さまざまな困難に直面したとき、森田療法が提唱する「あるがままに」の生き方が、解決の糸口になってくれることを期待したいと思います。

ちょうどポールがそうだったように。

なぜベジタリアンになったのか

1990年代、リンダはベジタリアン料理を紹介した著書『リンダ・マッカートニーの地球と私のベジタリアン料理』（文化出版局）を出版しています。彼女の素晴らしさは、ただ「ベジタリアンになりましょう」とスローガンを掲げるだけではなく、ベジタリアン向け冷凍食品の開発や料理本などを通じて、誰にでもできる具体的な方法を示したところにあります。

リンダは、挽肉や鶏肉、ソーセージの味や歯ざわりを再現した植物性タンパクでできた食品を作るための会社まで起こしました。その商品は、現在も黒を基調にしたシックなパッケージに入れられて、イギリスのどこのスーパーでも売っています。

なぜベジタリアンになったのかということを、右の本の中でリンダはこう述べています。

「スコットランドの小さな丘の上のキャンベルタウンの近くにある牧場で暮らしていたときのことです。ある日曜日のランチで、私たちは小羊のもものローストが盛られた食卓に着こうとしていました。ふと窓の外を眺めると、野原で楽しそうに遊んでいる私たちの小羊たちが見えたのです。そのとき、私たちが食べようとしているものが外で遊んでいる小羊たちの仲間ということに気がついて、突然おそろしくなってしまったのです。生きた動物たちと、お皿に盛られたものを結び付けた瞬間に、もう二度と肉は食べまいと決意しました。この日、ポールと私はベジタリアンになることを決めたのです」

ポールはそのときの羊のことが忘れられなかったのか、１９７２年に「メアリーの子羊」という美しい曲を発表しています（ウイングスとして2枚目のシングル）。こうしてポールは、70年代の半ばから、肉をとらないベジタリアン生活に本格的に入っていきました。

１９９８年に発売されたリンダの料理本『Linda McCartney on Tour: Over 200 Meat-Free Dishes from Around the World（リンダ・マッカートニー・オンツアー）』（Bulfinch 刊）では、ポールと一緒に世界中をツアーして回るうちに覚えた各国のベジタリアン料理が紹介されています。そのなかの一つとして、日本の「わかめときゅうりの酢の物」が取り上げられています。ふだんの私たちが口にしている食べ物も、視点を変えれば立派なベジタリアン食であることを気づかせてくれます。

ポールは『ＬＩＦＥ』誌（１９７１年4月）のインタビューの中で、ベジタリアンらしいコメントを残しています。

「スコットランドにいるときは野菜を植えて、そのまま放っておくんだ。すると野菜は自分の力で伸びていく。伸びて成長するだけじゃなく、おいしい食料にもなる」

「自然のものが自ら伸びて、人々の糧となる。僕たちは農場で羊を飼っているけど、肉は食べない。以前、羊肉を食べていて、ふと気づいたんだ。自分たちがいま、口にしているのは、窓の外で無邪気に跳びまわっているあの動物なんだってことにね。だけど、ガチガチのベジタリアンとは違うよ」

なるほど、ポールの場合は、健康志向というよりも動物愛護の観点から、菜食主義的な生き方になっていったようです。そして日常生活の中で農作業をするような、森田療法の〝作業療法〟的な生活を送ることで、自らのストレスを緩和しようとしたのです。

ポールとリンダは、子どもたちと共にスコットランドの自然の中で生きることに非常に満足していました。ポールは、自分でもパン焼きをおこなったり、オムレツを作ったりしました。リンダの得意料理は、野菜のシチュー・ギリシャ風、羊飼いのパイ、ラザーニャなどいろいろでした。ポールも言うように、彼らは100％のベジタリアン主義ではなかったようですが、〝プチ・ベジタリアン〟として人生を楽しみ、またストレスマネジメントをおこなっていたのです。

リンダは、子どもたちもベジタリアン食で育てたと答えていますが、子どもたちには、肉類を食べたいなら食べてもよい、と言ってきたそうです。しかし、4人の子どもたち（リンダの連れ子のヘザー、メアリー、ステラ、ジェイムズ）は、そうはしませんでした。みんな動物が大好きだったからです。のちに三女のステラはデザイナーとして世界的な成功を収めますが、彼女が作る服には動物の皮革はいっさい使われていません。

こうしてポールは、1969～71年頃の「ロング・アンド・ワインディング・ロード」（困難な道。ストレス過多な日常）を乗り越えることができました。そして、リンダと元ムーディー・ブルースのメンバーであるデニィ・レインらとウイングスを結成し、71年にデビューアルバム「ワイルド・ライフ」をリリースするのです。

ポールにとっての菜食主義

1994年ごろには、リンダが起こしたベジタリアン関連の会社はイギリスで一大事業となり、アメリカにも進出することになります。リンダは単独でアメリカにプロモーションに行っています。この頃のリンダのベジタリアン・フードに関する発言では、なぜ多くの人々がベジタリアン・フードを買うのかという質問に対して、一番の理由は「健康を考えて」と答えています。さらに、若い人たちは環境保護への関心から肉を食べなくなるということも述べています。

ポール自身は、ベジタリアン食は自分に合っており、ベジタリアンでいる方がエネルギーが出ると考えていました。90年代のワールド・ツアーにおいて、毎晩2時間半の演奏を何カ月も続けても全然疲れが残らないのは、肉類をとらなかったおかげと語っています。

また、ポールの関心は政治や社会問題にも広がり、しばしばメッセージを発しています。１９９０年の来日時のインタビューで、「４人の子どもの親である私は政治に対して広い視野をもち、環境保護団体を支援しています。コンサートでは喜びや感動を与え、一方で深刻な環境問題も訴えていくことも大切です」と語っています。

このように、二人は環境保護問題に関しても強い関心を示し、そのための活動も積極的でした。ポールの場合、「ラブ＆ピース」のジョン・レノンと比べると、どうしてもメッセージ性が弱く感じられるのですが、動物愛護からベジタリアン、そして環境保護というポールの信念は、一本筋が通っているといえるのです。

1998年、ポールは最愛の妻リンダを乳がんで失います。享年56。その死から4年後、ポールは元モデルのヘザー・ミルズと再婚、一児を設けましたが、2008年に別れてしまいます。

2002年のアメリカ・ツアー時のコンサート映像を見てみると、会場入場前にポールが「自分は菜食主義（ベジタリアン）である」とはっきり語っているシーンがあります。当時のポールのワールド・ツアー時の記録では、コンサートのある日には、スタッフのために9人の料理人からなるチームがランチ6種類、ディナー8種類のコースを作りました。どれもみな、オーガニックのベジタリアン食で、全部合わせると250食以上にもなったそうです。

このように、ポールはリンダの死後も、リンダとの食生活を守っていたことがうかがえます。

「ミート・フリー・マンデー」運動

中年以降も、ポールは健康とスリムな体型を維持することができました。1973年、ウイングスのサード・アルバム『バンド・オン・ザ・ラン』を制作中に、ナイジェリアの酷暑とたばこの吸いすぎによって、気管支痙攣（気管支ぜんそく）を起こしましたが、それ以降2007年まで、病気らしい病気をしたことがなかったようです。菜食主義が病気にかかりにくいことの一つの証明かもしれません。

2007年は、ヘザーと離婚する前年にあたります。当時のストレスのせいで心臓に負担がかかったのか、ポールは11月に、ハーレー・ストリートの心臓専門医を受診し、心臓への血流が一部滞っていること（冠動脈硬化症～狭心症）を指摘されました。

ポールは、家族以外の誰にも知らせずに冠動脈血管形成手術を受けました。鼠径部から大動脈までカテーテルを挿入し、バルーン状に広げた動脈を拡張させ、ステントを挿入したのでした。手術は成功し、後遺症もいっさい残りませんでした。12月にポールはロンドンのグレート・オーモンド・ストリートにある小児病院で演奏して元気な姿を見せ、世界中のファンを安心させました（『ポール・マッカートニー　ザ・ライフ』フィリップ・ノーマン著／竹田純子・中川泉訳／KADOKAWA）。

ポールは、2009年6月15日、オノ・ヨーコや娘のステラ・マッカートニーらとともに、地球環境保護、動物愛護の観点から「毎週月曜日は（1週のうち1日は）肉を食べないようにしよう」という「Meet Free Monday（ミート・フリー・マンデー）」運動をスタートさせました。またポールは2010年に、牛のゲップがCO2排出にもつながる、というエコ的発言もしています。

その後のポールですが、2011年10月9日には、ナンシー・シュベルと三度目の結婚をします。さらに2012年にはエリザベス女王即位60周年記念コンサートとロンドン五輪開会式で演奏のトリを見事に務めました（「ヘイ・ジュード」を歌っています）。

ロンドン五輪の選手の制服は、娘のステラによるデザインでした。そして2013〜15年に「アウト・ゼア・ツアー」、2017年の「ワン・オン・ワン・ツアー」など、毎年のように大規模な世界的ツアーをおこない、大成功に導いています。

COLUMN 4
脳のリラックスは腸の健康から

脳だけリラックスさせても、体がリラックスできていなければ、本当の意味でのリラックスした状態とはいえません。とくに脳と腸は相互に関係し合っていて、腸の調子が悪いと脳への負担となり、脳のリラックス効果が得られないことがわかっています。言い換えれば、腸の機能を正常に戻し、リラックスさせれば、脳のリラックスも得られるということが期待できます。このような腸の機能と脳の機能の関連を「脳腸相関」と呼んでいます。

以前より脳と消化管の関係は注目されていたのですが、脳の機能を客観的に把握することが困難で、概念的な説明しかできませんでした。しかし、最近の脳の画像的診断の進歩により、脳の機能を視覚化することが可能となってきました。たとえば、2002年のfMRIを用いた研究では、過敏性腸症候群の患者さんでは、健常者と比較して、脳の右半分における活動が低下していることが明らかになっています。こうした事実から、腸の器質的異常がない過敏性腸症候群の治療にあたって、脳からアプローチするといった新たな取り組みも現実化しつつあります。

CHAPTER 5

ビートルズの瞑想法

ストレスマネジメントとしての瞑想法

第2章でも紹介したように、1968年、ビートルズのメンバーはインドに滞在してマハリシ・マヘーシュ・ヨーギーから瞑想法を学びます。

そもそも他のメンバーにマハリシのことを教えたのはジョージ・ハリスンでした。ジョージはその後も長年にわたってさまざまな精神的手法を探求しましたが、一貫して続けたのはマハリシから学んだ瞑想法だったといわれています。彼は一生涯、その瞑想法を続け、幾度もの精神的な危機や過重なストレスを乗り越えてきたのです。その影響は、メンバー全員に及びました。

ジョン・レノンは、あるトーク・ショーの中で、名司会者で知られるホスト役のデヴィット・フロストに対して「瞑想を通して、僕はいつでも自分自身のうちに内在しているエネルギーにコツコツ触れることが可能になった。昔なら、物事がうまく運んで調子のよい日に限り、この特別のエネルギーに気がついただけなのにね」と語っています。

この章では、ビートルズとは切っても切れないストレスマネジメントの手法である瞑想法についてみていくことにしましょう。

一般に、瞑想法は仏教の座禅的表現を使うと、①調身（体を整える）、②調息（息を整える）、③調心（心を整える）、という3つの要素から成り立ちます。

①の調身の目的は、身体をリラックスさせることにあります。筋肉からの刺激や触覚、視聴覚など五感からの刺激を極力少なくすることで、脳を安静状態に導きます。

②の調息の目的は、呼吸を調節することで、自律神経をある程度コントロールできることを応用し、腹式呼吸により精神の安定を図ることにあります。な

ぜ腹式呼吸がよいのかというと、上半身に集中しがちな意識を下半身（腹部）に導くことによりリラックスを図ることができるからです。

③の調心が瞑想の真の目的といっても過言ではないもので、この状態を「変性意識状態」と呼びます。サイケデリック・ミュージックは、ＬＳＤなどの幻覚剤によって変性意識状態に到達しようというものでした。また自律訓練法の用語では「受動的注意集中状態」ともいいます。

ビートルズがおこなった「超越瞑想」

では、具体的な瞑想の技法ですが、最も簡単で誰にでもすぐに実践可能なのが「静座法」です。つまり静かに座るだけです。

この方法は、①眼を閉じ、背筋を自然に伸ばし、できれば正座で座る、もしくは足が痛ければ椅子に座る、②できれば腹式呼吸で、静かに呼吸する、③あとは自然にしていればよい、という内容です。時間は無理に長くせず、約15～20分ほどで、慣れてきたら自然に延長していくことになります。

瞑想をしていると、慣れないうちはいろいろな雑念が頭に浮かんでくるものです。そもそも人間の心というものは、長時間にわたって無念無想ではいられません。ですから、さまざまな雑念に振り回されたときは、それらを振り払おうとするよりも、意識的に一つのことに集中してみるのがよいとされています。

では、どうやって一つのことに意識を集中させるかですが、その方法の一つが、マントラ（呪文、真言）を唱え続けることです。マントラを心の中で唱えながら、雑念を消していくのです。この考え方にもとづいたものが、ヒンドゥー教に由来する「マントラ瞑想法」で、「超越瞑想（ＴＭ法）」とも呼ばれています。ビートルズがインドで習ったのは、この超越瞑想です。

マントラには、意味のない1〜2節の音が使われ、それは指導者が決めて瞑想する人に与えます。たとえば、「ナ・ダーム」というマントラがあります。

超越瞑想は次のようにおこないます。

①背筋を伸ばして椅子に座り、目を閉じる
②静かに腹式呼吸を行う
③額に意識を集中させ、そこから意識が体を下って行き、体の各部位が上から順にリラックスしていくことを想像する
④このときに心の中で、ゆっくり繰り返しマントラを唱え続ける

これを毎日朝晩2回おこないます。副交感神経を優位にして、心身ともにリラックスできるので、寝る前などにおすすめです。この技法自体は意外と簡単

にできるもので、試してみる価値はあると思います。

「マインドフルネス瞑想」との共通点

ここ数年、日本で「マインドフルネス瞑想」が語られることが多くなってきました。ジョージをはじめ、ビートルズのメンバーがインドの瞑想法に寄せた熱い思いは、現在のストレスフルな世界に住む私たちのマインドフルネス（注意集中。何も評価せず、とらわれのない境地で、いまこの瞬間の体験に意識を向けること）への欲求と似ているかもしれません。

ジョージは「トゥモロー・ネバー・ノウズ」というビートルズの曲の歌詞について「瞑想の目的は覚醒も睡眠も夢も超える（つまり超越する）ことだ。だからこの曲は〝思考を断ち切り、気持ちを鎮めてフワフワと落ちていこう、これは死ではない〟ってところから始まっているんだ」と指摘しています（『ビートルズ・アンソロジー』ザ・ビートルズ・クラブ／リットー・ミュージック）。これはまさに、いまでいうところのマインドフルネス瞑想が求める境地に近いのです。

マインドフルネス瞑想は、仏教に起源をもつとされています。マサチューセッツ大学医学校名誉教授であるジョン・カバット・ジンが「マインドフルネス・ストレス低減法」を大学内のクリニックに導入し、やがて一般に広まりました。

この方法は、ジョン・カバット・ジンが仏教学者である鈴木大拙《だいせつ》に影響を受け、医療に禅の教え（道元の曹洞宗）を応用して考案したものです。

仏教系の瞑想は、「サマタ瞑想」と「ヴィパッサナー瞑想」の二つに大きく分けられます。

サマタ瞑想は、自分の心の中にある無意識の階層へ深く潜入していき、意識を変化させる瞑想で、これによって宗教的法悦体験につながっていくのだそうです。

他方、ヴィパッサナー瞑想は、現状をありのままに認識する技法です。マインドフルネス瞑想は、このヴィパッサナー瞑想にもとづいています。

〝いま〟〝ここ〟に100％の注意を向け、いまこの瞬間に起こっている感覚・感情・思考に気づき、ありのままに受け入れる、という心のあり方がマインドフルネスであり、そのような状態になるための瞑想が、マインドフルネス瞑想というわけです。

ある意味で、一種のリラクゼーション法の一つともいえるのですが、仏教の瞑想を基本にしているものの、宗教的な要素は極力、取り除いているようです。

ビートルズのメンバーがインドでマハリシから教えられた超越瞑想の特徴は、

マントラが各自に与えられた点にありますが、瞑想することで、〝あるがまま〟の自然な状態になることを目指した点は、マインドフルネス瞑想と共通しています。

超越瞑想の脳への影響

超越瞑想についての科学的研究も進んでいます。いくつか紹介しましょう。

１９６０年代、ハーバード大学の内科医、Ｈ・ベンソン氏は瞑想によるリラクゼーション反応の研究を始め、当初はインドの神秘的な瞑想法と考えられていた超越瞑想の調査をおこなっています。その結果、瞑想中に被験者の酸素消費量、血圧、心拍数がいずれも低下して、生理的にリラクゼーションにあることを証明しました。

またベンソン氏は、超越瞑想でどんなマントラ（呪文）を使うのかは、心理・生理学的には影響を与えないとしました。つまり、心を静める音、言葉、文言であれば、どんなマントラを使っても深いリラクゼーション反応を作り出せると結論づけたのです。

また、２００２年、ウィスコンシン大学の感情神経科学研究所の所長であるリチャード・デビッドソン博士は、ｆＭＲＩ（機能的磁気共鳴画像。脳が機能しているときの活動部位の血流の変化などを画像化する方法）を使って、30年以上も瞑想的実践をおこなって、チベット仏教の僧侶マシュー・リカード氏の脳の活動を調べました。

そのときに撮影した画像では、リカード氏の脳の前頭葉前部皮質の左側が明るくなっていることが認められ、この部分が活発な活動をしていることがわかりました。この部分の活動が活発であることは、幸福感、喜び、熱意などを感じていることを示しています。

デビッドソン博士は他に150人の被験者の脳も同様に調べましたが、とくにリカード氏の脳の左側が示した明るさは顕著だったそうです。ということは瞑想を長年実践していると、脳の左側前頭葉前部皮質の活動が強まり、幸福感や喜びへ導きやすくなると考えられるのです。

デビッドソン博士は3つの簡単なメディテーションを提唱していますが、そのうちの一つ「コンパッション(compassion＝思いやり)・トレーニング」とは次のようなものです。

デビッドソン博士によれば、人のことを思いやる気持ちを深めていくことは、副交感神経優位の神経ネットワークを作り、幸福度を高めることにつながるといいます。

身近な人の幸せを願うトレーニングから始め、最終的に嫌いな人の幸せを心から願えるようにするというのが「コンパッション・トレーニング」です。そのことで、ネガティブな感情を自分の外に追いやり、幸福度を高めることができるというのです。

映画監督のデヴィッド・リンチも愛好者

超越瞑想は、ビートルズなどのミュージシャンだけでなく、他の芸術ジャンルに携わる人々にも大きな影響を与えました。いまでも熱心にその普及に取り組んでいるのが、『エレファントマン』や『ツインピークス』などの作品で知られる映画監督のデヴィッド・リンチ氏です。リンチ氏は、１９７０年代前半に超越瞑想を学んでから以後熱心な実践者となり、いまでも１日２回の瞑想を欠かさずおこなっているそうです。

リンチ氏は2005年に、学校での超越瞑想教育に資金を提供するための慈善団体「デヴィッド・リンチ財団」を設立しています。その財団が主催した2009年のチャリティ・コンサートの記者会見で、ポール・マッカートニーとリンゴ・スターがステージに立ち、ポールは超越瞑想への賛辞を述べています。

「超越瞑想は、マハリシが私たちに与えてくれた素晴らしい贈り物です。60年代の終わりに、自分を安定させる何かを探し求めていたときに超越瞑想と出会いました。それは、一生使える贈り物であり、必要なときに使うことができるものです」

ジョンとジョージの亡きあとも、ポールとリンゴは、マハリシとその超越瞑想に感謝の念をもっていることがよくわかります。実際にいまもおこなっているかどうかは不明ですが、少なくとも、60年代に彼らが想像を絶するストレス禍に苦しんでいた時期に、心の安定と癒しを与えてくれたことは間違いないのです。

COLUMN 5
最初の妻シンシアの家庭料理

ジョンの家に、最初の妻シンシアが初めて訪れた際のお茶のメニューが残っています。それは、ジョンが生まれたリヴァプールでは一般的なメニューなのだそうですが、卵とフライド・ポテトを山のようにお皿に盛ったものと、バター付きのパン、そして特大のポットにいっぱいの紅茶でした。

結婚当初の彼女の料理のレパートリーは、ソーセージとマッシュ・ポテトあるいはチーズを載せたトースト、ベスタ・ビーフ・カレーという水を加えるだけのインスタント食品、スライスしたバナナをトッピングしたサンドイッチなどでした。

シンシアの回想では、ビートルズが大スターになってからも、洗練されたロンドンのレストランにはなじめず、ジョンは、シンシアの作るベーコン・サンドイッチやステーキ・サンドイッチを好んだといいます。

ジョンは、シンシアによって、当時のごく普通のイギリス人の家庭生活を体験することができました。シンシアは学生時代から、ジョンのよき理解者であり、その意味ではジョンに心の平和と安らぎを与えてくれる存在だったのです。

CHAPTER 6

プライマル・スクリーム

ジョンが幼少期に受けた心の傷

前章で見てきたように、ビートルズのメンバーの心の危機において、瞑想法との出会いは大きなインパクトを与えましたが、ジョン・レノンには、もう一つエポックとなる出来事がありました。それは、「プライマル療法（原初療法）」と呼ばれる精神療法との出会いです。

ジョン・レノンは父親不在の家庭で育ち（船乗りだったためほとんど家にいなかった）、母親も他の男性と同棲したため、3歳のときに母親の姉であるミミ伯母さん夫婦にひきとられて成長します。いずれにしろ幼少期における両親との決別は、幼いジョンにとっては大変なショックで、これがPTSD（心的外傷後ストレス障害）となったことは想像に難くありません。

こうしてジョンは幼児期からのストレスを心の奥に残したまま育ち、さらにビートルズとしてデビューしてからは、成功者特有のロックダウン的ストレスをはじめ、多種多様のストレスに襲われました。

とくに1970年前後は、ビートルズ解散問題などで、他のメンバー同様、ジョンも精神的に不安定な時期にありました。そんなときに出会ったのが、アメリカの心理学者アーサー・ヤノフの書いた『The Primal Scream』（邦題『原初からの叫び―抑圧された心のための原初理論』講談社）という本でした。ヤノフは、その中で精神療法の一つである「プライマル療法」を提唱し、ジョンはその内容に感銘して実際にヤノフの治療を受けています。

この療法によってジョンが完全に心の苦悩から解放されたわけではありませんが、ヘロイン中毒からの離脱や創作意欲の高まりを促し、その後の曲作りにも影響を与えたことは否定できません。

小さい頃に父親と母親の愛を受けることができなかったジョンの心には、このプライマル療法が必要だったのです。

「プライマル療法」とは？

ここで、アーサー・ヤノフのプライマル療法について簡単に説明しておきます。ヤノフは、46歳のときに書いた前掲書の中で、神経症の治療法を発見したと宣言しました。彼の主張は、子どもの頃の原初的なトラウマ（心的外傷）が、大人になってからの神経症などの精神疾患の原因になるというもので、その治療には患者からあらゆる防衛機制（危機に直面したときに自分を守ろうとする心の防衛反応）を取り除く必要があるとしています。

ヤノフによれば、防衛機制は幼児期の満たされなかった欲求、とくに愛情への欲求から生じ、幼児が必死に努力しても両親を喜ばせられなかったり、また両親に愛されなかったりした場合、その満たされなかった欲求は、自衛本能の形をとって意識から閉ざされていくというのです。

そうなると、幼児は本能的に苦痛を感じることをやめてしまい、真の欲求に置き換わって象徴的欲求が生じてきます。その代償が精神的な緊張や神経症となって表れるのです。

つまり、満たされぬ欲求が存在し、苦痛が抑圧されている限り、その人の態度は非現実的となり、神経症的になるのです。そこで、これを解消するには、本来の苦痛を経験し、切り抜けることが必要であり、それによってのみ、人は自分の真の欲求を取り戻し、再び人間らしい人間になれる、それには、抑圧された感情を自ら再現し、体で表現することをすすめる、というのがおおよそのプライマル療法の内容です。

ヤノフの著著では、治療の実際を次のように記しています。

「治療の、最初の二、三日は、患者を封じ込めることになった幼児期の出来事以前の、生まれてから、二、三年の人生に相当するようだ。患者は、ばらばらに、孤立した、不連続の出来事を経験する。各々の断片を結合して、一つの意味をもつ全体となったとき、患者は原点に戻ってゆく」

プライマル療法の基本概念は、19世紀末にフロイトが始めたヒステリー治療法（カタルシス療法）とよく似ています。ただし、現在の精神分析医の間では、この方法は実際には効果があまりないとするのが一般的な見解のようです。

「プライマル療法」の実際

ジョンとヨーコがアーサー・ヤノフの治療を受けているとき、身近にいてその治療を目撃した人物がいました。68年～70年頃にジョンとヨーコとともに芸術のイベント企画で関わりをもったアントニー・フォーセットです。彼の証言も大変興味深いのですが、ここでは実際に治療にあたったアーサー・ヤノフ本人の言葉をもとに要約しておきましょう（『ジョン・レノン 愛と芸術』アントニー・フォーセット／シンコー・ミュージックより）。

ヤノフは、ジョンやヨーコと何度か電話で話したあと、当時二人がいたロンドンまでやって来て治療を始めることになりました。

3週間目の終わりに、ヤノフは、治療を続けたいならカルフォルニアのプライマル研究所に来るべきだと言いました。プライマル療法の重要な部分は、グループ治療（エンカウンター・テラピー）に参加することだったからです。そこでは、プライマル療法のある段階を終えた人々が週2回集まってグループのメンバーを刺激し合い、それによって新しい段階へ進むというものでした。

またヤノフは、効果が表れるまでには4から6カ月はかかると説明しました。

ジョンとヨーコは、いまやっていることはほんの始まりだとわかっていたので、カルフォルニアへ行って治療を続けることに同意しました。

1971年4月、二人はロサンゼルスのプライマル研究所へ向かい、そこで4カ月間滞在することになり、グループ治療に参加しました。

次のようなジョンの言葉が残されています。

「簡単に言えば、プライマル療法は、患者に絶えず生の感情を感じさせるようにしてくれる。その感情というのは、人を泣かすあの感情のことさ。それだけなんだ。以前の僕は、あまり感じなかった。感情をとじ込めてしまっていたんだ」

ヤノフも、「どんなやり方にしろ、自分を抑制するな。体が欲するままがよいのです」と語っています。

つまり「あるがままに」ということです。これは前に紹介した森田療法のキーワードであり、また現在のマインドフルネス瞑想と共通する部分でもあります。それと同質の考え方をプライマル療法に見出すことができるかもしれません。

こうしてジョンとヨーコのプライマル療法は4カ月間続けられましたが、ヤノフが治療状況を撮影したいといいだしたことで中断となりました。

ジョンとヨーコは、プライマル療法によってさまざまな防衛機制を徐々に取り除いていったようですが、ジョンの神経症は完全には治りませんでした。しかし、自分の苦痛を分離し、感じる能力を身につけることができていました。

ジョンがカルフォルニアを去るとき、苦痛はむしろ以前にも増していましたが、苦痛を操作し、苦痛と向き合うことができるようになっていたのです。

プライマル療法の体験は、ジョンにとって、のちにストレートな表現を活かした曲作りとなって、作品にも表れました。それが実を結んだのが、彼の初のソロアルバムでロック史上の名盤といわれる『ジョン・レノン／プラスティック・オノ・バンド（ジョンの魂）』（１９７０年12月発売）です。

このアルバムの中の「マザー」という曲で、ジョンは母親と父親への思いを一気に吐き出して切々と歌い上げています。これほどシンプルでしかも自分の気持ちをストレートに歌った曲はこれまでなかったのです。

転機をもたらしたヨーコとの出会い

アバンギャルド、超越瞑想、プライマル療法などをかいくぐってきたジョン・レノンの魂の旅の先に、意外な人物が待っていました。オノ・ヨーコです。この日本人の前衛芸術家が、ジョンの精神に一大転機をもたらしました。

ジョンの最初の妻シンシアは、ジョンと同じリヴァプール・カレッジ・オブ・

アートという美術専門学校の同窓生で、二人は1963年に結婚します。しかし1969年に離婚。そして同年、ジョンはかねてから交際していたオノ・ヨーコと再婚し、以後、ジョンは日本の影響を強く受けることになります。

ヨーコは東京出身で曽祖父は安田財閥の創始者という裕福な家庭で育ちました。私が本書で取り上げたいのは、ヨーコがジョンに与えたことの二つに食生活への影響があります。後述するように、玄米食を中心とした食の変化が心のデトックスとなって、ジョンに〝薬物不要〟の心のトリップ体験を可能にしてくれたのです。

少し話が脱線しますが、画家の横尾忠則氏が1972年にジョンとヨーコの家へ招待されたときのことを、『ジョン・レノン　ALL THAT JOHN LENON 1940-1980』（中央公論社）の中で述べていて、そこに二人の食事風景が描かれています。

当時のジョンとヨーコは、おなじみのダコタハウスではなく、ニューヨークのヴィレッジとソーホーの中間のダウンタウンのアパートに住んでいました。横尾氏が部屋に入ると、ジョンとヨーコは、二人ともベッドに入ってしまいました。つまり、ベッドが彼らにとってはソファみたいなものになっているのです。ベッドのヘッドボードを見ると、そこにも誰かが足を伸ばしているのでした。

食事時になって、アシスタントの人が、長い板を持ってくると、ジョンとヨーコはベッドに腰かけて、膝の辺りにその板をドカっと渡すのです。それが二人の食卓でした。膝の上の板にお皿が並びます。その皿には、玄米（ブラウン・ライス）や菜食が載っていて、全部で4～5種類あったそうです。

横尾氏も、同じベッドの横に座っていっしょに食べなさいと促されますが、食べ物は彼らの膝の上に並んでいて、すごく食べにくかったそうです。とはいえ、ジョンもヨーコもとくに日本からの来客にサービスしようとか、気をつかうといったことがないので、逆にリラックスできたと述べています。

なんとも自由で飾らない二人の〝おもてなし〟でしょう。実は、ここで注目していただきたいのは、板の食卓に玄米が載っていたことです。

玄米食はドラッグと同じ？

1969年1月13日のレイ・コールマン（イギリスを代表する音楽ジャーナリスト）のインタビューによれば、ジョンは自分で自然食の食材が育てられる農場を探しているとも語っていて、当時すでに、玄米をはじめとする自然食にかなり熱を入れていたことがうかがえます。さらに、自然食療法に従っていることを明確に述べ、その作用は禅や瞑想と似ていると述べています。

いまでこそ食物繊維は第六の栄養素としてその重要性は周知されていますが、60年代には、まだ食物繊維の役割はクローズ・アップされておらず、「玄米は何となく体にいい」といった程度の認識しかない時代でした。その頃に玄米に着目したジョンの先見性はさすがだと思います。

つまり、ジョン・レノンにとっては玄米中心の自然食療法は、体だけでなく心にも効くと感じていたことがわかります。玄米は、瞑想やドラッグのような面倒くささはなく、同じような効果があると感じていたようなのです。

1975年頃、モントリオールFM局のインタビューに、ジョンは次のように述べています。

「徹底した自然食にしてるよ。これならほとんど何も心配せずにハイになれるからね。服にかけるのと同じ手間を食べ物にかければ、化学物質に侵されていない食品を買える場所は見つかるよ。玄米は誰にだって買えるし、誰にだって楽しめるよ」

「自分にとって一番だと思うものを食べるのがよい」

「多くの人たちが食べている化学的に処置された食材の多くは食べるのに値しない」

ここでいう「化学的に処置された食材」とは化学肥料などの農薬を使った食材のことで、ジョンは、オーガニック・ライフ・スタイルの先駆者ともいえます。

また、ジョンは1977年の来日時に、音楽評論家の星加ルミ子氏に次のように玄米の効能を語っています。

「ヨーコは玄米がいいっていうから、玄米を食べたらとても調子がいいんだ。僕はベジタリアンじゃないけど、玄米食って気持ちがよくって、本当に体調がいいんだよ」(『ジョン・レノン　その生と死と音楽と』文藝別冊・河出書房新

社）

１９６９年4月22日、ジョンとヨーコが結婚したのちには、二人は自宅から自動車でアップルのオフィスに出勤してくるようになりました。事務所に着くのはだいたい昼食時で、二人して玄米と野菜にタマリ・ソースをかけた〝自然食〟を食べました。

二人がおこなったさまざまな平和運動のためのイベントの一つに、１９６９年12月のカナダ訪問があります。16日にトロント市に着いたジョンとヨーコは、郊外のロニー・ホーキンズの農場にある南仏風の隠れ家で、４日間にわたる平和キャンペーンをおこないました。この際には、二人の自然食の料理人が雇われたそうです。

当時のジョンは、他のビートルズのメンバーとの軋轢、個人的な苦悩からのストレスで、ヘロインなどのドラッグを乱用しており、体も心も毒物漬けになっていました。このような状況で、とりあえず体の健康を取り戻すために、体内の毒出しをしようとして、伝統的なデトックス食である玄米をとるようになったのではないかと思われます。当時はまだ「デトックス」という言葉は使われていませんでしたが、後述するように、その考え方はかなり以前より存在していたのです。

ヨーコと離れ「失われた週末」へ

ジョンは70年代の初頭も玄米を中心とする自然食をとり続けており、その頃のほっそりとした容姿の写真も残っています。１９７２年2月にはアメリカのテレビ番組「マイク・ダグラス・ショー」に出演し、自然食のシェフに習ったヒジキの春巻きを作ったりしています。しかし、１９６９年に始めた玄米食はたびたび中断されました。それにはヨーコとの関係悪化が影響していました。反戦・平和運動を展開していたジョンは、アメリカ当局から目をつけられ、ついには出入国管理局から国外退去を命じられるなど、私生活のゴタゴタが続いていました（ヨーコは永久在留外国人としてすでにアメリカ在留許可を受けていました）。

こうした出来事はジョンとヨーコの関係にも絶え間ない緊張を与えるようになり、１９７３年9月、ジョンはそっと出かけたままヨーコのもとに帰らずに、ロサンゼルスに行ってしまいます。そして、ジョンとヨーコのパーソナル・アシスタントだった中国系アメリカ人メイ・パンと同棲を始めます。この時期は「失われた週末（Lost Weekend）」と呼ばれ、ジョンに肉体的、精神的負担を強いることになりました。

ロスに着いたジョンは、すぐ大物プロデューサーのフィル・スペクターを探し出し、彼に全面的に任せる形で、アルバム『ロックン・ロール』の制作にとりかかります。

つまり、ジョンは逃避のために、このアルバムを作り始めたようなものでした。生活は日増しに荒れ、レコーディングそっちのけで、ポップ・スターであるハリー・ニルソンらと毎日のように多量のアルコールを飲んでいました。酒量に比例するように苦悩も確実に悪化し、1969年から始まった自然食的生活は崩れてしまいます。

スペクターは、録音したテープをジョンの手が届かない自分の家に隠してしまい、レコーディングの作業は中断されますが、ジョンは事態の悪化にようやく気づき、ニルソンのアルバム『プッシー・キャッツ』のプロデュースをし、さらに自分のアルバム『ウォールズ・アンド・ブリッジズ（心の壁、愛の橋）』の制作にとりかかります。これをきっかけとしてエルトン・ジョンのコンサートにゲストとして参加することになり、このステージを見にきていたヨーコと再会をはたすのです。

こうしてジョンは酒浸りの生活に別れを告げ、ニューヨークのヨーコのもとに戻ることになります。このジョンとヨーコが別居していた時期を、ジョンは「失われた週末」と名づけたのです。なお、中断していたアルバム『ロックン・ロール』の制作はジョン自身のプロデュースで再開され、新たに曲を追加録音するなどして、レコーディング開始から1年4カ月後の1975年2月に発売されました。

よりを戻したジョンとヨーコは、一人息子のショーンを授かることになります。そして、ジョンはショーンが生まれる前に自然食（マクロビオティック）を本格的に学び始め、刺激物をいっさい絶って自然食療法を再開したのです。

シンシア～ヨーコ～メイ・パンと続いたジョンの女性遍歴は、少し大げさにいえば、悩める精神と食の遍歴でもありました。そして、ロスト・ウィークエンドが終わってヨーコのところに戻ったジョンには、再び自然食の世界が待っていたのです。

次の章では、ジョンとヨーコが実践した食事法「マクロビオティック」について、詳しく紹介することにしましょう。

COLUMN 6
ストレスの伝達経路

私たちの体には、さまざまな臓器を意識と関係なしに自動的に調整する「自律神経系」、ホルモン分泌に関与する働きをになう「内分泌系」、そして、白血球などによってウイルスなどの異物を排除する「免疫系」の、以上３つの「生体機能調節系」が備わっています。

そして、脳（間脳の視床下部）によって、この「生体機能調節系」がバランスよくコントロールされることで、私たちの健康は維持されています。

ところが、体に何らかの刺激が加わることによってストレスが出現すると、このストレスが「生体機能調節系」のバランスをくずし、さまざまな病気を引き起こす原因となるのです。

このストレスの伝達経路ですが、まずストレスは大脳皮質で感受されますが、その後、大脳皮質が感受したストレスが、どのような神経回路を通じて視床下部に伝わるかということはわかっていません。

つまり、ストレスが伝わる脳内の道筋がいまだ明らかになっていないというのが実情なのです。

CHAPTER 7

ジョンとヨーコの自然食療法

ジョンが実践した食事法

70年代後半、晩年のジョン・レノンは、息子のショーンのために自ら玄米を炊き、パンを焼き、魚を料理する生活を送っていました。オノ・ヨーコ編集による『メモリーズ・オブ・ジョン』（イースト・プレス）には、ジョンがクラウス・フォアマンに玄米の炊き方を教えるシーンが出てきます。

ジョンは食品棚からなべを一つ取り出し、そこに玄米を何つかみか入れ、手の甲が水で覆われるまでなべに水を注ぎ、精米した白米よりも玄米の方が炊くのに時間がかかること、あまりかき混ぜてはいけないことなど、細かなアドバイスを与えています。この描写からも、ジョンが自然食に精通していたことがうかがえます。

さて、ジョンが実践した食事法は「マクロビオティック」と呼ばれるものでした。近年では、ロック・シンガーのマドンナや女優のグウィネス・パルトロウ、ジェニファー・ロペスといった多くのセレブたちが実践したことでも話題になりました。

辞書によると、マクロビオティックとは「大いなる生命」という意味のギリシャ語を語源とする言葉で、中国の陰陽思想の原理を取り入れた自然食中心の食生活に基づく長寿法の一種、とされています。自然との調和を食の観点からとらえ、その土地の旬の穀物や野菜を主食材とする食事法の実践により、心身の健康の獲得をめざしています。

また、マクロビオティックは食事による健康維持、体質改善、治療などを目的としており、別名「食養」とも呼ばれています。つまり、漢方医学の世界の「食養生」の発想からきているものと考えられます。

最近のマクロビオティックのブームは、玄米や菜食を積極的に食事に取り入れるという意味ではよいことなのですが、「完全穀菜食こそ人間の理想食」という謳い文句はまだよいとして、「マクロビオティックは宇宙の根本原理」といった言葉を聞かされると、医師としては正直ちょっと困ったなと思います。ここまでいくと、信じるか信じないかの宗教のようなレベルになってしまうからです。

やはり、マクロビオティックについて知るには、そのもととなるオリジナルの考え方にまでさかのぼってみる必要があるでしょう。

マクロビオティックの根本となる考え方を発表したのは、明治時代の陸軍薬剤監であった石塚左玄《さげん》です。

石塚は、1851年（嘉永4年）に漢方医の子として福井に生まれました。1871年（明治4年）東京大学南校化学局御雇となり、1873年（明治6年）に医師・薬剤師資格取得しています。

そして、1896年（明治29年）に陸軍少将となり、同年に『化学的食養長寿論』（博文館）を著しました。この本が現在のマクロビオティックの根元であり、出発点となっています。その後、石塚は自宅に「食療所」を設けたり、「食養会」を結成したりしますが、1909年（明治42年）に58歳で亡くなりました。

石塚左玄の食養論は、簡単にまとめると、①食物至上論（食本主義）、②陰陽調和論（カリウム・ナトリウム均衡食論）、③人類穀食動物論（穀食主義）、④一物全体食論（自然食主義）、⑤身土不二（風土食論）といった内容から構成されています。

その著『化学的食養長寿論』では、先祖代々伝わってきた伝統的食生活には、それぞれ意味があり、その土地に行ったらその土地の食生活に学ぶべきであるという「身土不二」の考え方を発表しています。

さらには、食の栄養、安全、選び方、組み合わせの知識とそれにもとづく食生活が心身ともに健全な人間を作るという教育、つまり「食育」の大事さを説いたのでした。つまり、石塚は、「食養は宇宙の根本原理」などとは説いていないのです。

玄米こそ人間本来の食べ物

彼の生きた明治時代は、文明開化の時代であり、食の西洋化が開始された時代でした。つまり、それまで禁止されていた肉食が一般に広まるようになり、食の大革命が起きたのです。

石塚は、こうした食の西洋化を戒め、漢方の世界の陰陽調和をカリウム、ナトリウムのバランスという言葉に置き換え（当時の医学界は漢方を排除し、西洋医学を積極的に取り入れていた）、正しい食のあり方を主張しました。

そして中国医学の古典である『黄帝内経《こうていだいけい》』をヒントに玄米食を見直し、「食養」の理論を作りました。人間の歯の中で臼歯が一番多いのは、穀類を食べるのに適しているからであるとし、人間本来の食べ物として穀物の玄米を推奨し、肉類を否定したのです。

当時は、食物繊維やビタミンの概念はなく、したがって、現在のように、精米していない玄米は食物繊維が多く、ビタミンの含有量も多いから健康によいという考え方とは異なっていました。

彼は漢方医の家に生まれたため漢方の基本的知識があり、明治以降は西洋の医学、栄養学も研究しました。明治時代は、漢方医学を排除しようとする力が強かったので、陰陽の世界をカリウム、ナトリウムに置き換えたのだと思われます。また、カリウム、ナトリウムといった言葉が、当時の医学界では新しく、新鮮だったのでしょう。

　彼の主張は、現代でも通用するものもあれば、しないものもあります。たとえば、「一物全体食論」は、食べ物は丸ごと食べた方が栄養のバランスが崩れない、というもので、たとえば果物は皮をむかずに丸ごと食べましょう、という考え方です。これは、食べ物を大事に、無駄にしない、という意味では現在でも通用しますが、果物の皮に残留する農薬など、栄養学的な観点からは疑問も残ります。

　以上、石塚左玄の主張をみてきましたが、突き詰めれば、玄米食を食事の中心に据えたことが彼のオリジナルといえるでしょう。

ヒッピー・ムーブメントの影響

石塚左玄の「食養」を世界的に広めたのが、桜沢如一《ゆきかず》（1893〜1966）でした。「マクロビオティック」という言葉を使ったのも彼に始まります。桜沢は医師ではありませんでしたが、石塚式の「食養」をおこなって健康を回復したことから、石塚が結成した「食養会」に入って活動しました。ただし、入会時にはすでに石塚は亡くなっていて、桜沢は石塚の直接的な指導は受けていません。

桜沢は、単に「食物で健康になる」というだけでは「西洋科学」を基礎とする人々を納得させることはできないと考え、石塚の「カリウム・ナトリウム論」をさらに拡大し、食物だけでなくあらゆる事象と統一できる原理として中国の「易」の陰陽思想を応用した「無双原理」を提唱し、ヨーロッパの人々に説き始めました。

さらにその考え方をひきついでアメリカで啓蒙活動をおこなったのが久司道夫《くしみちお》（1926〜2014）です。ジョンとヨーコは、短期間ですが、アメリカで久司から直接マクロビオティックを学んでいます。

アメリカでマクロビオティックが知られるようになった背景には、60年代のヒッピー・ムーブメントや東洋ブームがありました。その流れにのって久司の説くマクロビオティックが広まっていったのです。

久司は東京大学法学部の出身で、桜沢と同じく医師ではありません。東大在学中に桜沢と出会い、マクロビオティック運動に携わります。1949年に渡米し、その後ボストンをベースに、マクロビオティックの教育・普及に努めました。

ジョンも食べた究極の自然食

久司の主張するマクロビオティックには、食品の品質基準、選択基準、摂取基準において厳密な決まりごとがあります。

まず食品の品質基準に関しては、農産物の栽培の過程における肥料は有機肥料に限定、加工食品は製造の過程で有害な添加物・抽出物・化学調味料などを使用していないもの、ＤＮＡ操作による遺伝子組み換え食材は認めない、としています。

また、食品の選択基準は、国内産が原則で、例外的に輸入品を認めるとしています。つまり「身土不二論」を原則としています。

食品の摂取基準は、穀菜食中心が原則で、牛・馬・豚・鶏のような動物性食品は摂取不可です。また「一物全体」の考え方から、野菜は根・茎・葉などの全体を摂取することを重要視しています。この原則から、精米された白米をさけて、玄米や分搗米《ぶづきまい》（精米の度合いを調整した玄米）が推奨されます。精製糖は忌避され、かわりに黒砂糖の使用が認められています。

魚類は小魚が推奨されています。水分については体質や病状に応じて加減する必要があり、高齢者は涸渇に対し鈍感になるので、常に十分な水分を摂取するようにすすめています。他にも、糖質、塩分、食材の組み合わせにもそれぞれ具体的な基準を設けていますが、ここでは割愛します。

では次に、マクロビオティックの具体的な食事内容をみていきましょう。

まず、精米していない「全粒穀物」を50〜60％摂取するとしています。全粒穀物とは、精米していない玄米、大麦、雑穀、オートミール、とうもろこし、ライ麦、そばなどです。

これらに、日本などが位置する温帯産の野菜（かぼちゃ、ブロッコリ、キャベツなど）を25〜30％、バランスよくとります。以上のような食事内容だと食物繊維の摂取量が増加します。

さらに副菜に、塩やしょうゆで味付けした豆・豆製品・海藻を10〜15％、そして、味噌やしょうゆで味付けし、季節の野菜や豆などを入れた味噌汁やおすましなどのスープを5〜10％とります。

それ以外に週に数回摂取してもよいものとして、魚介類（養殖でない白身魚、川魚）、季節の果物（オーガニックな温帯性の旬のもの）、種実類（ナッツと種子類、くるみ、松の実、栗、ごまなど）、デザート（麦あめ、米あめ、甘酒などの甘味を用いて、砂糖は使わない）、飲みもの（番茶、麦茶など）、調味料・油・薬味（自然海塩、天然醸造しょうゆ、味噌、ごま油、菜種油、大根、しょうが、レモン、ねぎなど）をあげています。

このような内容が日本におけるマクロビオティック標準食の入門編とされています。いわゆる「オーガニック・ライフ」の極みと言っていいかもしれません。ジョンもこうした自然食メニューを取り入れていたことでしょう。

ちなみに、久司の主張するマクロビオティックには段階別があって、60年代にアメリカで出版された久司の本には、高い段階では、１００％穀物からしか食事をとらないことになっています。これは、やはりいき過ぎです。このような食生活を続けると、必要な栄養素が不足することは明白で、アメリカ小児学会では、成長期の子どもにとって、マクロビオティックは危険であることを指摘しています。

その後、こうしたマクロビオティックの考え方は訂正され、現在では、この１００％穀物という考え方は消滅したようです。そもそも久司自身が東大法学部の出身だったので、栄養学や医学の知識が不足していたとしても不思議はありませんでした。

ジョンとマクロビオティックとの出会い

ところで、そもそもマクロビオティックが、どのようにしてジョンのライフ・スタイルの中に入り込んできたのかが私には不思議でした。ジョンに関するある記録によれば、ヨーコと最初に会った頃に、ヨーコからマクロビオティックをすすめられたそうです。ヨーコは日本人であり、当然、玄米食のことも知っていたでしょうし、長年にわたってニューヨークに住んでいたことから考えると、アメリカで啓蒙活動していた久司道夫氏の考えに触れる機会もあったのでしょう。

すでに書いたように、二人は、１９７５年に息子のショーンが生まれる前に、本格的にマクロビオティックを学ぼうとします。そして、1976年にジョンたちは久司が設立した「クシ・インスティテュート（久司財団）」を訪れました。そこで1週間勉強する予定でしたが、ジョンが来ているということで、ファンやマスコミが騒ぎ始め、結局、2日間しか滞在できませんでした。

久司の発言によれば、ジョンがここを訪れたのは、「自分の進むべき道を決めるため」だったといいます。

この頃は、レコーディング契約がきれて、ジョンがハウスハズバンドの生活を始めた時期と一致します。ショーンが生まれてからのほぼ5年間は、クリエイティブな面においては目立った活動はありませんでしたが、アメリカ永住権も取得し、日常生活では最も気楽に過ごしていた時期かもしれません。

つまり、1962年から1975年まで経験した超多忙でストレス過多の音楽家生活を一時中止し、家庭生活へ移った時期なのです。「失われた週末」の間の乱れたライフ・スタイルも、75年にヨーコと再スタートをきることで軌道修正されました。アルコールや薬物に浸っていた日々と縁を切り、再び自然食主義の生活に戻ったのです。

たまにはレストランでフルコースも

とはいっても、根っからの自由人のジョンのことですから、ときにはレストランで普通の食事を楽しんだり、チョコレートやケーキも食べたりしていたようです。

ジョンとヨーコは、１９８０年の『プレイボーイ』誌のインタビューの中で、普段はマクロビオティックの食事をとっているけれど、ときには家族でピザを食べに行くこともあると述べています。しかし日常では、魚と米、まるごとの穀類だけをとるようにつとめ、また食べ物のバランスを考えて、その土地固有の食べ物、アメリカ固有の穀物であればトウモロコシなどをとるように心がけていると述べています。

たまには、羽目をはずして、レストランでフルコースの食事をお腹いっぱい食べてしまうこともあったようですが、トイレに駆け込んで食べたものをすっかり吐いてしまうなど、摂食障害の人のような行動も見せています。

また、ジョンが他人に対して「ベジタリアンであれ」と発言したという記録は残っていません。ジョンは長年、玄米食などの自然食をただ楽しんで食べていたのです。

久司道夫は、個々の食品について、「陰性」「陽性」を指摘し、自然界の全ては陰と陽で構成されていると考えていました。でも、ジョンとヨーコのマクロビオティックについての話には、陰と陽に関するコメントは見当たりません。

彼らは、陰陽論の知識はあったのかもしれませんが、これを応用した食生活やライフ・スタイルをとっていたとは考えられないのです。

つまり、ジョンとヨーコの食生活は、玄米食を中心とするベジタリアン的生活だったといえるでしょう。

マクロビオティックは健康にいい？

以上、マクロビオティックの思想の変遷を見てきましたが、その根源となった玄米摂取をすすめる石塚左玄の「食養」は、食品を精製・精白することの問題と欧米の食生活を真似ることの危険性に対して注意を促すことがポイントでした。これは、ある意味で現代日本にも必要とされる考え方であり、栄養学的にみても玄米を評価すること自体は間違っていません。

一方、久司道夫の説くマクロビオティックは、石塚の考え方を基本にしつつも、自然界のすべての事象を陰と陽にわけるなど、ちょっと理解を超えた部分が存在しました。

これは中国の易の陰陽論を応用したものですが、現代人に適しているのかどうかは何の実証もありません。さらに、久司の理論では、ベジタリアニズムの目標は、宇宙にある自然の秩序と調和して生活し、健康と幸福を意識することである、というのです。「健康と幸福」はわかります。しかし、「宇宙にある自然の秩序と調和」となってくると、「ちょっと待って！」と言いたくなるのは私だけではないでしょう。

とはいえ、豆腐や味噌、テンペ、ひじき、ワカメ、玄米、シイタケといった日本の食材が、世界中で食されるようになったことに関して、久司のワールドワイドな活動による貢献は小さくありませんでした。その点は、私も評価したいと思っています。

マクロビオティックが健康面に及ぼす効用としては、高血圧や糖尿病、メタボリック・シンドロームの予防に有効といわれています（ただし、この点に関してデータがまったくありません）。

ただし、私の専門である胃腸科の観点から意見を述べますと、女性に多い慢性便秘に対して、症状のひどいときにマクロビオティックを実践してしまうと、お腹の症状が悪化し、腹部膨満感や硬便がひどくなってしまうことがあります。これは、全粒穀物や温帯性の野菜に多く含まれる、水に溶けにくい不溶性食物繊維を過剰に摂取することになってしまうためです。

不溶性食物繊維を多くとる場合は、多くの水分を摂取するか、水に溶けやすい水溶性食物繊維をバランスよくとることが重要です。こうすることで便の性状が普通便からやや軟便にすることができるのです。

実は、私のクリニックに来院する慢性便秘の患者さんの中には、玄米食中心の食事をとることで症状が悪化した人が結構いらっしゃいます。以前、ある患者さんに大腸内視鏡検査をおこなったところ、上行結腸に未消化の玄米が多数存在するケースにぶつかったことがありました。この方は、三度の食事を全部玄米にしていて、その未消化物が付着していたのです。

このように、確かに玄米は食物繊維が豊富で腸の健康にはおすすめの食材の一つですが、腸の運動が低下傾向にある慢性便秘症の人は、ある程度腸の運動が改善してから玄米を中心とする食事にしたほうがよいのです。

私の考えでは、マクロビオティックの標準食である全粒穀物50～60％、野菜25～30％、この二つで合わせて75～90％という割合は、かなり多いと思います。タンパク質や脂肪などを含む食品をプラスして、もう少し栄養をバランスよく摂取すべきでしょう。

その点からいえば、全粒穀物や野菜、果実類をふんだんにとりながら、乳製品や肉類は少なく、魚介類やオリーブオイルを積極的にとる「地中海式食生活」や、従来の和食にオリーブオイルを加え、地中海式食生活と和食のいいとこどりをした、私の提案する「地中海式和食」の方が、現代人にはなじみやすいかと思います。

詳しくは医療関連の拙著に譲りたいと思いますが、私はこうした地中海式の食事内容、さらに現代風の〝プチ・ベジタリアン的な食生活〟と考えています。

デトックス（体内浄化）という考え方

ところで玄米というと日本などアジア固有の食材と考えられがちですが、実はそうではありません。イギリスの養生法の一つと考えられる「デトックス法」にも玄米（ブラウン・ライス）が用いられています。ひょっとすると、ジョンもデトックス法がらみの知識として、玄米にある程度馴染みがあったのかもしれません。

１９９８年にイギリスでジェーン・スクリブナーさんが書いた『Detox Yourself』（邦題『体内毒出し30日プログラム』日野西友子訳／祥伝社）という本がベスト・セラーになりました。日本でも２００４年頃になってデトックス・ブームが起こり、２００６年春にスクリブナー氏が来日しました。その際に私は直接会って話を聞くことができました。

彼女いわく、デトックス（体内浄化）という考え方は、昔からイギリスの一般家庭で知られていて、いわゆる「おばあちゃんの知恵袋」的におこなわれていたそうです。それらを「デトックス」という言葉で表し、具体的な内容をまとめたのが『Detox Yourself』という本でした。

スクリブナー氏によれば、日頃から健康に注意している家庭では、体調がわるいときに、体の中をきれいにするために次のような食材を積極的にとっていたそうです。

①毎朝、レモン汁をお湯で割ったものを飲む
②1日に最低1・7リットルのミネラル・ウォーターを飲む
③「肝臓」強壮のための食品を二つとる
(黒いぶどう、ニンニク、ニンジンジュース、フェンネルかタンポポのハーブティ)
④「腎臓」強壮のための食品を二つとる
(お湯に溶かした蜂蜜ドリンク、新鮮な絞りたてのクランベリージュース、

メロン）
⑤ケルプ（海草の一種）をとる
⑥玄米を毎日最低「ひとつかみ」食べる
⑦毎日最低「ひとつかみ×２」の野菜を食べる
⑧毎日最低「ひとつかみ×４」のサラダを食べる
⑨毎日最低「ひとつかみ×３」の果物を食べる
⑩毎日最低「ひとつかみ×２」の魚か豆類、またはナッツ類、ハーブ、オリーブオイル、その他の種から作られたオイルのうち、どれかを食べる

このように、イギリスの家庭では、昔から健康食の一つとして玄米を取り入れていました。スクリブナー氏は、玄米は炭水化物の中で最も吸水性が高く、小麦粉を使った炭水化物のようにアレルギー反応を引き起こすことも少ないと述

べています。また、吸水性が高いためにかさが増えるので、腸の中の掃除をするのに役立つとのことでした。

イギリスでは、生野菜をたくさんとるのが苦手な場合は、軽く蒸した野菜のサラダや、ローストした野菜の上に生のニンジンなどをおろしたものをかけて食べたりするそうです。果物はドライフルーツも盛んにとられています。

ジョン・レノンが60年代末に薬物依存になったとき、玄米菜食を始めたのはヨーコの影響でしょうが、ジョンの頭の中には、すでにこのようなイギリス式養生法の知識が下地としてあったことも推測されます。そのためにスムーズに玄米菜食に移行できたのかもしれません。

COLUMN 7
マクロビオティックの生活習慣

マクロビオティックが推奨している生活習慣を列記しておきましょう。①食事は一口ごとに２０回以上咀《そ》嚼《しゃく》する（噛む）、②食事の量は腹８分目程度にとどめる、③間食は健常者には許容されるが糖分に注意する、④タバコは禁止、⑤酒類は健常者に限り少量許容、⑥種々のストレスに注意する、⑦睡眠や休息を十分にとる、⑧毎日適度な運動をする、⑨定期的な検診を受け健康状態をチェックすること、とされています。

①にあげられているように、マクロビオティックでは食べ物をよく噛むことを奨励しました。それに関して面白いエピソードが残っています。

ジョンとヨーコと仲のよかったＤＪであるエリオット・ミンツは、マンハッタンのマクロビオティックのレストラン「イースト・ウェスト」でジョンとヨーコと一緒に食事をしたときのことです。レストラン内の１００人くらいの人々が何も言わず、向き合ったまま黙々と食べ物を噛み続けており、ジョンに思わず話しかけたところ、話してはいけないと注意されたと述べています。コロナ禍のレストランならいざ知らず、当時のアメリカ人には異様な光景に映ったことでしょう。

CHAPTER 8

銃弾で終わった安らぎの日々

幸せだった晩年の主夫生活

ジョンは、先妻シンシアとの間にジュリアンが生まれても、父親として全く面倒をみませんでした。ヨーコは、そんなジョンを知っていたので、ショーンがまだお腹の中にいるときから、ジョンに育児に協力するよう求めました。

ショーンが生まれてからのジョンの1日はというと、夜明け後まもなく目覚め、コーヒーを自分で作ることから始まりました。そして新聞を読み、1〜2時間するとショーンが起きてくるので、朝食を作ってあげました。

ショーンの食事は基本的にマクロビオティック食ではあるものの、週に一度、ハーゲン・ダッツのアイスクリームを食べることを許したそうです。また、時にはマクドナルドに行くこともありました。ただし、精製された砂糖は絶対に食べさせず、ショーンのためにハチミツで甘味をつけたケーキを注文していました（『ジョン・レノン　愛の遺言』ジョン・レノン、オノ・ヨーコ／川勝久訳／講談社）。

ショーンと一緒にいるときのジョンは幸せでした。午前中に家事をこなし、パンを焼いたり、昼食の時間まで息子を連れて公園へ散歩に行ったりしたのでした。

ジョンは一時期、料理に熱中していたことがありました。大量の野菜をざっくりと切って、ときには魚も一緒に大きな電気鍋に投げ入れて、数日間グツグツと煮込むのです。ジョンには、煮込む時間が長ければ長いほど味がよくなるという考えがあったようです。この煮込み料理に、炊いたご飯と、ときにはゆで卵などやパンを添えて食卓に出したそうです。またときにはアップルパイや栗のてんぷらなどにも挑戦しています。

ジョンの料理の腕前について『ジョン・レノン　ラスト・インタビュー』（池

澤夏樹訳／中公文庫）の中で、次のように述べています。

「そう悪くはない。ものすごく上手くもないけどね。お米の技術を僕はマスターしたよ。ご飯を炊くのなんか誰でもできるっていうけど、上手に炊ける人は少ないんだ。僕はまあまあ上手く炊ける。それに魚も焼ける」

さらには、心身のバランスをとるために、ヨガや瞑想に時間をかけていたそうです。

ニューヨークにあった有名な録音スタジオ「ヒット・ファクトリー」のプロデューサーであるジャック・ダグラスの発言があります。

「たまにジョンが羽根をのばすのは、ヒット・ファクトリー・スタジオの機材室で、ヨーコの目を盗んでチーズ・バーガーかピザをぱくつくときくらいだった」

「細身で筋肉質になって、健康そのものだったね。ジョンは、ヨガ、ヨーコは玄米に凝っていて、ふたりの楽しみはスシを食べることだったよ」

　このように当時のジョンの日常は、マクロビオティックにもとづく〝プチ・ベジタリアン〟として食生活に意識を配りつつも、そこには不自由さや暗さはなく、ハウス・ハズバンドとしてショーンの育児に深く関わるなど、楽しく充実した日々を送っていました。ジョンにとって、この時期が人生の中で、最もストレスを感じることが少なかった時期といえそうです。

　体重の増加を気にするあまりにちょっとやりすぎた部分もあったようですが、彼の玄米を中心とする自然食療法及びハウス・ハズバンド生活は、おおむね良好な結果が得られたのではないかと思います。

　ところでオノ・ヨーコが、ジョンやショーンのためにどのような料理を作っていたかは、いろいろな資料を調べてもほとんど記載がなく、よくわかっていません。私がようやく見つけたのはこんなエピソードです。

1989年のことですが、息子ショーンのCF撮影で、日本人スタッフとヨーロッパに行ったときの話です。日本食レストランの少ない土地で、現地の食事に飽きていた撮影隊をねぎらうためにヨーコは豚汁パーティーを開いたといいます。

日本食に飢えていたスタッフには、白いご飯と豚汁だけで幸せな気分になれたでしょうが、ヨーコはさらに「からだにいいからワカメサラダを作りましょうか」と、ワカメを水に戻し、キュウリをトントンと刻み、玉ねぎをスライスして、手早く作ってくれたそうです。「ゴマを加えると、もっと体にいい」と、パッパとゴマを振りかけ、味を整えることも忘れませんでした。

きっとジョンのためにも、こんな料理を作ったこともあったでしょう。日本のおふくろの味的な、和食の王道をゆくようなメニューでした。

「おだいじに（ODAIJINI）」の精神

1990年に出版された『ai　ジョン・レノンが見た日本』（ジョン・レノン絵／小学館）という本の中で、ジョンは、ローマ字に直された日本語とその言葉に対応するイラスト画をつけています。ジョンの心の奥に潜む優しさに溢れた私のお気に入りの一冊です。いくつかの興味深い言葉があるので紹介しましょう。

「くらし」の章であげられていた、「いつも（ALWAYS）」という言葉には、「ごはん（GOHAN）」、「みそ（MISO）」、「やさい（YASAI）」という文字を伴うイラストが描かれています。これらが、レノン家の日常的な象徴する食べ物だったのでしょう。ジョンが普段から日本食に慣れ親しんでいたことがうかがえます。

また「ねがい（NEGAI）」という言葉には、両手を合わせて目をつぶっている人のイラストが付されています。興味深いのは「日本の教え」の章に記された言葉です。日本人でもうまく表現できないような「しぶみ（SHIBUMI）」、「さび（SABI）」、「わび（WABI）」、「おしのび（OSHINOBI）」などの言葉にも、ジョンのイメージするイラスト作品がシンプルに描かれています。

とくに驚いたのは、私がいつもクリニックで患者さんに言っている「おだいじに（Take Care!）」という言葉をジョンが取り上げていることでした。この言葉こそ、日本の医療を象徴する究極の表現だと私は思っているからです。

そこには、杖をついた人が道に立って、遠くの沈みゆく太陽に手を振りながら、「おだいじに（ODAIJINI）」と言っているイラストが描かれていました。

「おだいじに」の精神を理解していたジョンは、本当に日本的な心情を心の中で捉えていたに違いありません。そして、私自身にもあらためて「おだいじに」という言葉のもつ意味を考えるきっかけを与えてくれたのです。それは医療現場でパソコンの画面ばかり見ていては理解できないことかもしれません。

日本のよさを忘れかけている私たちに、ジョンがさりげないメッセージを送ってくれているのです。

万平ホテルとリラクゼーション

ジョン・レノンと日本との接点の一つに軽井沢があげられます。ジョンとヨーコ、そして二人の間の子どものショーンは、１９７６年から79年まで、毎年夏になると長期間この地を訪れていました。そこでは、明治27年（１８９４

年）創業の万平ホテルを定宿にしていたことはよく知られています。

ジョンは、小さいショーンを自転車のハンドルに設置したチャイルドシートに座らせ、親子で軽井沢を走りめぐったのでした。とくにお気に入りだったのは、絵のように美しい滝を背にした湖のそばまで行くことだったそうです。家族そろってのくつろいだリゾート・ライフは、ジョンの心身のバランスをとるのにとても有効だったでしょう。

ジョンの発言によると、リヴァプールの郊外に万平ホテルのイメージによく似たホテルがあったそうです。軽井沢と万平ホテルは、ジョンにとって第二の故郷だったのかもしれません。誰にも邪魔されずに、妻と子どもと楽しむ日々をジョンはどんな気持ちで過ごしたのか、あまり記録としては残っていませんが、ジョンの短い人生の中で、おそらく最も幸福な時期だったに違いありません。

ここで私個人の話となって恐縮ですが、私も万平ホテルが大好きで80年代からたびたび宿泊しています。ジョンが泊まったとは知らずにアルプス館の部屋に泊まったこともありました。天井が高く、和洋折衷（当時としては最先端の西洋風の建築物）の部屋は、何もしないでボーっとして過ごすのには最適です。

朝起きて、メインダイニングでとる朝食は、私もいろんなホテルに泊まってきましたが、とにかくダントツにおいしいのです。とくに、フレッシュな卵で作ったプレーン・オムレツは格別です。もう一つおすすめなのが、ランチなどでよく食べるカレーです。これもどのホテルにもないおいしさです。

午前中はちょっと長い散歩に出て、疲れて帰ってくると、10時頃には休憩ということで、カフェテラスに行きます。この時間だと、宿泊以外の客でカフェテラスを利用する人があまりいなくて、待たなくてもすぐ入れるからです。のちになって知ったのですが、ジョンは、そのカフェテラスの中の、庭に面した一番奥の席で背を向ける格好で腰掛け、毎日ミルク・ティーを飲んでいたそうです。

私もジョンを真似してというわけではありませんが、ミルク・ティーをよく注文しました。万平ホテルのギフト・ショップには、ジョンとヨーコのイラストが入ったマグカップなどがひっそりと置かれています。その控えめなたたずまいが、ジョンが好んだ万平ホテルのホスピタリティ（おもてなし）を象徴しているように思えます。

ジョンが残してくれたもの

みなさんもよくご存じのように、ジョンは１９８０年12月8日、ニューヨークにある自宅アパートのダコタハウス前で、マーク・チャップマンに拳銃で撃たれて亡くなってしまいます。80年代のパワー・アップしたジョンの姿が見られなかったのは本当に残念です。

しかし、ジョンは、私たちに不滅の名曲の数々を残してくれただけでなく、プチ・ベジタリアン的生活の一つのあり方を示してくれました。それは、いまの私たちの食生活にも大いに参考になるものだと確信できるのです。

そして、ショーンが生まれたあとのジョン・レノンの主夫生活は、ストレス過多だったそれまでの人生の苦痛を少しでも緩和したであろうことは間違いないと思います。なぜなら、当時の写真を見ると、ジョンの表情にはビートルズ後期のような刺々《とげとげ》しさが認められず、とても穏やかだからです。

それは、ジョンにとっての生前最後の1枚となった『ダブル・ファンタジー』（1980年11月リリース）というアルバムのタイトルにも読み取ることができるのです。

「ビートルズ式リラックス生活」のすすめ

これまで見てきたように、栄光に包まれていたかに見えるビートルズのメンバーは、人知れず私たちの想像を超えるストレスと苦悩を抱えながら生きてきました。そして、彼らは、森田療法的な「あるがままに」という生活態度や、瞑想法、食物繊維や抗酸化物質リッチの利点がある菜食主義や自然食療法などを実践する一方、自分たちの音楽創作活動（芸術療法）を通して、自らを癒し、絶えず前進する勇気を得てきました。それは同時に、世界のわれわれリスナーへ向けたストレス・フリーのメッセージでもありました。私たちも、ビートルズのストレスマネジメントや食生活を上手に組みあわせて、今日のパンデミックのストレスフルな状況を乗り切りたいものです。

そこで最後に、ウィーク・エンドに実践していただきたい「ビートルズ式リラックス生活」を紹介したいと思います。内容的には、私のこれまでの医療・健康関係の著作で提案してきたことを集約したものです。日々の生活習慣の改善にお役立てください。

〈朝食〉

朝はゆっくりと起きて、胃にあまり負担がなく腸にとってよい食事をとります。おすすめは、大麦の中で特に水溶性食物繊維が豊富な「スーパー大麦」を米に加えて炊き、これに卵をかけた「卵かけ麦ご飯」です。これに少量のエキストラバージン・オリーブオイルをかけるとさらにおいしくて、腸管機能もアップします。あと、味噌汁と京都の漬け物であるスグキ漬けを3〜4切れとるのがよいでしょう。スグキ漬けには植物性乳酸菌のラブレ菌が豊富で、味噌汁にも麹菌や植物性乳酸菌が含まれるので、腸内環境をよくしてくれます。デザートには水溶性食物繊維が多いキウイフルーツやイチゴをとります。

ラブレ菌については、以前、私のクリニックの慢性便秘の患者さんに1カ月間、ラブレ菌を含有する飲料水を摂取してもらったことがありました。その結果、排便状況が改善（腸内環境の改善）しただけでなく、POMS心理テストで、不安感や抑うつ感も改善していることが確認されています。

午前中は、何もしないのが一番ぜいたくかもしれません。気が向けば超越瞑想法などをおこなってください。さらに深い心のリラクゼーションが手に入るでしょう。

〈昼食〉

昼食は、パスタ、野菜サラダ、スープをとります。パスタは、トマトとバジル、エキストラバージン・オリーブオイルを使ったシンプルなものが胃腸によいのです。サラダのドレッシングも、レモンとエキストラバージン・オリーブオイルのみのシンプルなものを使いましょう。スープは、タマネギ、ニンジン、キャベツの入った具だくさんでシンプルなコンソメスープにします。

〈昼寝〉

休日の昼食後はつい眠くなるものです。そんなときは、食後に30分程度の昼寝（シエスタ）をするとよいでしょう。寝る前にコーヒーを1杯飲んでおくと、目覚めがすっきりします。

〈散歩〉

午後にゆとりがあれば、公園などへ散歩にでかけましょう。ウォーキングをすることで心のリラックスを手に入れやすくなります。もちろん肥満予防にもウォーキングは有効です。

〈ティー・タイム〉

散歩のあとは、家へ帰ってからアフタヌーン・ティーを楽しみましょう。喉の渇きを癒し、さらに胃腸をスッキリさせたいのであれば、ミント・ティーがおすすめです。ペパー・ミントの成分であるメントールは腸管を弛緩させ、お腹のガスを排出させやすくするので、ストレスの緩和にもつながります。甘味料には、オリゴ糖を使います。オリゴ糖は腸の善玉菌のビフィズス菌のエサになるので、腸内環境をよくしてくれます。

〈読書〉

ティー・タイムを過ごして気分がゆったりしてきたら、読書をするのもよいでしょう。森田療法でも、読書の有用性を説いています。また、読書しながら音楽を聴くのもリラックス効果を高めてくれます。ビートルズのカヴァー曲を奏でるホリーリッジ・ストリングスのアルバムなどがおすすめです。

〈夕食〉

スーパー大麦を使った麦ごはんに、具だくさんの味噌汁が基本です。これらは食物繊維、とくに水溶性食物繊維が多く含まれるので、腸内環境が改善し、ストレス緩和につながります。

メインは、青み魚（サンマ、アジ、サバなど）を焼いたものがよいでしょう。

青み魚の油には、ＥＰＡ、ＤＨＡが豊富に含有されており、動脈硬化予防などによいのです。またＤＨＡは脳にもよいことが知られており、ストレスに対してもよい働きかけをします。

あとは漬け物を３〜４切れと、他のおかずとして、ほうれん草のおひたし、きんぴらごぼう、切り干し大根などをメニューに加えます。漬け物はスグキ漬けがおすすめですが、これをとらない場合は、食後にラブレ菌を含有する飲料水を飲むとよいでしょう。

ビートルズ・ソングを聴きながら食事するのであれば、スロー・テンポの「アンド・アイ・ラブ・ハー」、「ミッシェル」、「ガール」などがよいでしょう。聴いているうちに副交感神経優位となってリラックス効果が高まり、さらに消化管を作動させる効果も期待できます。

〈入浴〉

ゆったりと過ごした一日の最後は入浴で締めくくりましょう。熱すぎない39〜40度くらいのお湯で入浴すると副交感神経が優位となり、リラックスモードに入ることができます。

入浴中に同時におこなっていただきたいリラクゼーション法がアロマテラピーです。香りとして取り入れた精油成分が、自律神経やホルモン分泌に関わる脳の視床部・下垂体などに伝わり、ストレス軽減などの作用をもたらす神経化学物質を放出させます。アロマテラピーの成分として私が注目しているのはミントです。最近の研究により、ミントの香りはストレスを緩和し、記憶の整理に関わる脳の海馬と言う領域を保護する作用があることがわかっています。

COLUMN 8
CMで使われたビートルズ・ソング

曲名	商品・サービス
愛こそはすべて	サッポロビール「サッポロブロイ」、NTTドコモなど
アクロス・ザ・ユニバース	NTT東日本「ひとりじゃない」篇など
ア・ハード・デイズ・ナイト	トヨタ「ラクティス」など
オブラディ・オブラダ	ホンダ「ステップワゴン」、アサヒビール「アサヒオフ」など
恋を抱きしめよう	公文など
ツイスト・アンド・シャウト	コカコーラ「いろはす」など
ハロー・グッドバイ	日本公文教育研究会、キヤノンなど
プリーズ・プリーズ・ミー	東京三菱銀行、ホンダ「Nシリーズ」など
マジカル・ミステリー・ツアー	三菱自動車など

あとがき

本書は『ビートルズでおなかスッキリ』（法研）、『ビートルズの食卓』（グスコー出版）に次ぐ、私にとって3冊目のビートルズに関する本です。『ビートルズの食卓』を書いた後にビートルズのストレスに気づき、この点に関してグスコー出版の佐藤八郎社長に相談しました。

そして多くの助言をいただき、本書の原点の一つにもなりました。感謝しております。

ビートルズのメンバーは、きっかけは異なりますが、最終的にはみな菜食主義、自然食主義になりました。本書で述べたように、菜食主義、自然食主義の食生活では、おのずと食物繊維の摂取量が増加し、腸内環境が改善され、さらに「脳腸相関」によって、脳へも好影響を及ぼします。その結果、脳へのストレスを軽減することも可能となるのです。

本書でビートルズのストレスマネジメントについて触れながら、その「食」に注目したのはこうした理由によります。

またジョージ・ハリスンの瞑想法やポール・マッカートニーの森田療法的な生き方など、彼らが実践したストレスマネジメントは、現代にも十分通用します。ストレスフルなコロナ禍の時代を、なんとか心穏やかに、元気で過ごしたいものです。ビートルズの8年間の軌跡は、そのための有益なヒントを私たちに与えてくれていると確信しています。

最後になりましたが、本書を出版するにあたり、企画の段階からお世話になった春陽堂書店顧問・岡崎成美氏、同編集長・永安浩美氏、コーエン企画・

江渕真人氏に、この場を借りて御礼申し上げます。

２０２１年３月

松生恒夫

主な参考文献

『ＢＥＡＴＬＥＳ 太陽を追いかけて　ザ・ビートルズフォーエバー』星加ルミ子著／竹書房文庫
『スタンフォードのストレスを力に変える教科書』ケリー・マクゴニカル著／神崎朗子訳／だいわ文庫
『パティ・ボイド自伝　ワンダフル・トゥデイ』パティ・ボイド、ペニー・ジュノー著／前むつみ訳／シンコー・ミュージック
『ゲット・バック・ネイキッド　１９６９年、ビートルズが揺れた22日間』藤本国彦著／青土社
『癒しの音楽 ゆらぎと癒し効果の科学』木下栄蔵・亀井栄治著／久美出版
『こころを癒す音楽』北山修著／講談社
『ビートルズ シークレット・ヒストリー』アリステア・テイラー著／野澤玲子訳／プロデュースセンター出版局

主な参考文献

『ポール・マッカートニー Ｌｉｆｅ　破壊と創造の１９７０年代』トム・ドイル著／宝木多万紀訳／ＴＯブックス
『ビートルズが伝えたかったこと〜歌詞の背影と誤訳の深層』里中哲彦・遠山修司著／秀和システム
『森田正馬全集 第5巻』森田正馬著／白揚社
『ポール・マッカートニー　ザ・ライフ』フィリップ・ノーマン著／竹田純子・中川泉訳／ＫＡＤＯＫＡＷＡ
『闇の中の懐中電灯』横尾忠則著／中央公論社
『体内毒出し30日プログラム』ジェーン・スクリブナー著／日野西友子訳／祥伝社
『ポール・マッカートニー　イーチ・ワン・ビリービング』ポール・マッカートニー著／プロデュース・センター出版局
『ジョン・レノンに恋して』シンシア・レノン著／吉野由樹訳／河出書房新社
『アストリット・Ｋの存在─ビートルズが愛した女─』小松成美著／世界文化社
『抱きしめたい　ビートルズ'63』マイケル・ブラウン著／奥田祐士訳／アスペクト
『THE BEATLES BACKSTAGE　ザ・ビートルズもうひとつの顔』テレンス・スペンサー著／斎藤早苗訳／同朋舎出版

『ザ・ビートルズ・サウンド最後の真実』ジェフ・エメリック、ハワード・マッセイ著／奥田祐士訳／白夜書房
『ビートルズ・アンソロジー』ザ・ビートルズ・クラブ編／リットー・ミュージック
『ビートルズ大学』宮永正隆著／アスペクト
『若大将の履歴書』加藤雄三著／日本経済新聞出版
『ジョージ・ハリスン』アラン・クレイソン著／島田陽子他訳／プロデュース・センター出版局
『リンダ・マッカートニーの地球と私のベジタリアン料理』リンダ・マッカートニー、ピーター・コックス著／鶴田静、深谷哲夫訳／文化出版局
『ビートルズ革命』ジョン・レノン著／片岡義男訳／草思社
『メモリーズ・オブ・ジョン』オノ・ヨーコ編／イースト・プレス
『ジョン・レノン　愛の遺言』ジョン・レノン、オノ・ヨーコ著／川勝久訳／講談社
『ジョン・レノン　ラスト・インタビュー』ジョン・レノン、オノ・ヨーコ、アンディー・ピープルズ著／池澤夏樹訳／中央公論新社
『ジョン・レノン　PLAYBOY インタビュー』ＰＬＡＹＢＯＹ編集部編／集英社
『ジョン・レノン IN MY LIFE』ケヴィン・ホウレット、マーク・ルイソン著／中江昌彦訳／日本放

送出版協会
『ジョン・レノン家族生活』西丸文也著／角川書店
『ジョン・レノン　アメリカでの日々』ジェフリー・ジュリアーノ著／遠藤梓訳／ＷＡＶＥ出版
『ビートルズ』ハンター・デイヴィス著／小笠原豊樹、中田耕治訳／草思社／増補完全版　河出書房新社
ＣＤビートルズ曲集『HEALTH!』東芝ＥＭＩ
『ジョン・レノン伝説　上・下』アルバート・ゴールドマン著／仙名紀訳／朝日新聞社
『ビートルズ　ラブ・ユー・メイク　上・下』ピーター・ブラウン、スティーヴン・ケインズ著／小林宏明訳／早川書房
『ジョン・レノン ALL THAT JOHN LENNON 1940-1980』北山修、他著／中央公論社
『ジョージ・ハリスン自伝 I・ME・MINE』ジョージ・ハリスン著／山川真理訳／河出書房新社
『COME TOGETHER　ジョン・レノンとその時代』ジョン・ウィナー著／原田洋一訳／ＰＭＣ出版
『イエスタデイ　ポール・マッカートニーその愛と真実』チェット・フリッポ著／柴田京子訳／東京書籍
『ジョン・レノン　上・下』レイ・コールマン著／岡山徹訳／音楽之友社

『耳こそはすべて　ビートルズサウンドの秘密と音楽プロデューサーへの道』ジョージ・マーティン著／吉成伸幸、一色真由美訳／クイックフォックス社
『Beatles '64 走れ！ ビートルズ A HADE DAY'S NIGHT IN AMERICA』カート・ガンサー（写真）／A・J・S・レイル著／斎藤早苗訳／JICC出版局
『ブラックバード・ポール・マッカートニーの真実』ジェフリー・ジュリアーノ著／伊吹徹訳／音楽之友社
『ジョン・レノン愛と芸術』アントニー・フォーセット編／江口大行ほか訳／シンコー・ミュージック
『ａｉジョン・レノンが見た日本』ジョン・レノン絵／小学館
『原初からの叫び（The Primal Scream）』アーサー・ヤノフ著／中山善之訳／講談社
『Pro Healing Music～ポップスでリラクゼーション』松生恒夫著／音楽之友社
『ビートルズの食卓　彼らは「食の世界」でも先駆者だった』松生恒夫著／グスコー出版
『ビートルズでおなかスッキリ　胃腸のはたらきを改善する音楽療法』松生恒夫著／法研
『腸は第2の脳』松生恒夫著／河出書房新社
『化学的食養長寿論』石塚左玄／博文館
『食医石塚左玄の食べもの健康法』丸山博解題、橋本政憲訳／農産漁村文化協会

主な参考文献

『文藝別冊　ジョン・レノン　その生と死と音楽と』河出書房新社（２０１０年10月）
『文藝別冊　増補新版　ポール・マッカートニー』河出書房新社（２０１１年６月）
『食養雑誌』／食養会
『婦人之友』婦人之友（昭和38年10月号）
『婦人之友』婦人之友（昭和40年１月号）
『The Beatles in Rishikesh（リシュケシュのビートルズ）』Paul Saltzman 著／Avery
『Linda McCartney on Tour』Linda McCartney 著／Bulfinch Press
『British Journal of Cancer（英国ガン学会ジャーナル）』（２００４年９月号）
『The American Journal of Clinical Nutrition（米国臨床栄養学会ジャーナル）』（１９９９年９月号）
『Cancer Research（ガン研究）』
『News Of The World（ニュース・オブ・ザ・ワールド）』
『New Musical Express（ニュー・ミュージカル・エクスプレス）』
『PLAYBOY』
『LIFE』（１９７１年４月）
『RAVE』

著者

松生恒夫（まついけ・つねお）

1955年、東京生まれ。東京慈恵会医科大学卒業。松生クリニック院長。医学博士。日本内科学会認定医、日本消化器内視鏡学会指導医・専門医、日本消化器学会認定専門医。現在までに5万件以上の大腸内視鏡検査を行ってきた第一人者。生活習慣病としての大腸疾患対策として、地中海式食生活、音楽療法、漢方療法などを提唱している。またビートルズをはじめ、ポップミュージックへの造詣が深いことでも知られる。主な著書に『ビートルズの食卓』（グスコー出版）、『ポップスでリラクゼーション』（音楽之友社）、『腸を温める食べ物・食べ方』（青春出版社）、『「排便力」をつけて便秘を治す本』（光文社）など多数がある。

ビートルズとストレスマネジメント

2021年5月20日　初版第1刷発行

著　者 ―――――― 松生恒夫
発行者 ―――――― 伊藤良則
発行所 ―――――― 株式会社 春陽堂書店
〒104-0061
東京都中央区銀座3丁目10-9　KEC銀座ビル
TEL: 03-6264-0855（代表）
https://www.shunyodo.co.jp/

デザイン ―――――― WHITELINE GRAPHICS CO.
カバーイラスト ―――― ソリマチ アキラ
印刷・製本 ―――――― ラン印刷社

乱丁・落丁はお取り替えいたします。

ISBN 978-4-394-90400-7 C0047